世界の偉人×賢人の知恵

すごい名言100

ONE HUNDRED GREAT WORDS

遠越 段

SOGO HOREI PUBLISHING CO., LTD

はじめに

人は言葉で自分という人間とその人生をつくっていく。

言葉を使って自分の人生の方向を決め、言葉によって励まし、進んでいく。

だから、人類の叡智《えいち》が詰まっているとも言える「名言集」ほどありがたいものはない、と私は思っている。

その理由は大きく三つある。

一つは、古今東西の賢人、偉人たちの人生のエッセンスが短い文章で示されていることだ。これで、手早く、しかも効果的に、人生の重要な知見を学べるのである。

次に、名言集はそれ一冊で、人生にまつわるあらゆることがカバーされている。故に読者にとって困った時に役立つ言葉ばかりであって、何百冊、何千冊もの本を読んだのと同じ価値がある。

三つめは、短い文章がほとんどであり、暗記しやすい。口ぐせのように言える。覚えることで、自分の血と肉となるとともに、あなたの座右の銘として他人にも伝えることができる。

以上の理由から、私は、名言をいつもノートに記したり、あるいは英文を訳しておいたり、本の中から書き抜くことを習慣にしてきた。

そのことで、どれだけ私自身が助けられたかわからない。

人生において、人はそれぞれの年代で異なる役割を託されている。

生き方に迷う10代から、仕事の選択、やり方に悩む20代、世の中の仕組み、社会の構造に疑問を持つ30代、人生の後半戦の生き方について悩む40代、残された時間について真剣に考えだす50代――。人生は、かくも悩みの連続である。

本書の特徴をいくつか挙げると、まずは、世界的に有名な名言だが日本ではあまり知られていないものも私の訳で紹介している。

これまであまり光の当らなかった言葉が、この本を機会として広まってほしいと願っている。私の琴線に触れた言葉が読者にも響くようであればうれしい。

人生に悩みは多い。暗中模索の日々に不安は尽きないが、この名言集を繰り返し読めば、人生や世の中のことは大体わかるようにできている。その上、偉大なる人たちのアドバイスがこれからの人生に役立つはずだ。

読めば読むほど効く。

本書の名言が、読者の志、夢、目標の実現などに大いに役立つことを確信している。

ぜひとも、この名言集を活用していただくことを願っている。

遠越 段

付記

この度、縁があって自著に再び日が当たることになり、望外の喜びを噛み締めている。

コロナウイルスという未曾有の災害に人類は直面しているが、私たちは、今世紀に入ってからも幾度も震災などの困難を乗り越えてきた。今回もこれまで人類が積み重ねてきた知見で打ち勝つことができると信じている。

第2章 叶える 人生は自由。すべては自分が決める

第3章 生きる 生きるとは前を向くこと

第4章 信じる 自分を信じ、自分の生き方を貫く

第5章 想う 思いやりの心が人生を楽しくする

第6章 愛する

愛は毎日育てるもの

第7章 上昇する 一人ひとりの努力が世界を動かす

第8章 極める すべては「人」が決め手になる

第9章 働く 人生の宝は、日々の仕事の中に隠されている

本文デザイン&装丁：木村　勉
DTP：横内俊彦

第 1 章

志す

まずは「思い」、
そして次に「言葉」

001
批判されることを恐れてはいけない

他人に批判されたくないなら、
何もやらず何も言わなければいい。
しかし、それは生きていないのと同じではないか。

エルバート・ハバード（著述家・哲学者／アメリカ）

他人に批判されるのは誰しも嫌なものだ。

批判する相手が、自分の認めたくない、評価したくない人だと当然嫌だ。それが尊敬する人や好きな人からの批判だった時、私たちをこれほど傷つけるものはない。

だが、考えてみよう。批判をされないということは、どういうことなのか。それは、自分が何もしていない、あるいは存在すら認められていないような場合ではないか。

ならば、それは生きている価値がないということにならないか。批判は、言う人にしてみれば、ほとんどどうでもよいことだ。気になる存在だから、ガツンと言ってやれという本能から出るものがほとんどだろう。人は皆、自分の思う人生を送りたいはずだ。批判など、気にしてはいけない。さらに前に進めば、その批判は称賛に変わるだろう。いや変えてみせようではないか。

002
目標を定め人生の迷子にならない

人は真摯に努力すべき目標なきより淋しいものはない。

西田幾多郎（哲学者／日本）

自分という人間を社会で生かすためには、自分にふさわしい、つまり自分がやりたくて、かつ世の中にもいくらかの貢献ができるような目標を立てたいものである。その目標に向かって、自分を動かしていくのだ。すると心に張り合いができ、自身にも気概や誇りなどが身に付いてくる。

ところが目標を持たずにいるとどうなるか。とたんに人生は、淋しいものとなる。西田幾多郎の言うとおりだ。この目標とは、〝生きがい〟と言い換えてもよい。

目標は、人生を通じて、自分の成長・変化とも強い関連性がある。「この間違った世の中を変えてやる」と政治家になっても、コース変更を余儀なくされることもある。ときには自分の位置を見失うこともあるだろう。

しかし、されど人生である。思うように生きるべきだ。そして、思うように生きるためにこそ、自分を見失わないためにも、目標を持つべきなのである。

003
最高の投資は自分自身への投資である

もし、その人の頭の中の財布が空っぽなら、
その人は何も手に入れることができない。
なぜなら、誰もその人から得るものがないからだ。
こうしてみると、
人生において最大の投資というのは、
自分の勉強への投資であることがわかるだろう。
そこに最高の利子を生む源があるからだ。

ベンジャミン・フランクリン（政治家・科学者・著述家／アメリカ）

印刷業で成功し、政界に進出したベンジャミン・フランクリンは、節約、勤勉、誠実、高潔を信条としていた。アメリカでは成功者のアイコンであり、彼の自伝はどの家庭にも一冊あると言われている。

「お金につく利子を活用して資産を増やせ」と彼は主張し、複利の考え方を定着させ、自らも財産の一部を年5％の利子で運用するように遺言で指示した。これは、現在も守られているらしく、その基金は数百万ドルを超えているという。

しかし、このフランクリンが最も言いたかったのは、自分の向上のために自己投資をせよということだった。

これは、彼の人生を見ればよくわかることだ。彼は幼い頃、貧しくて学校へはほとんど通えなかったが、本を読むこと、自ら書き物をすることなどで、自分の知識、知恵、徳の向上を図り、裸一貫で家を出た。この自分の頭の中の「財布」を用い、印刷業、出版業、執筆をし、発明家、政治家、外交官として活躍し、「アメリカ建国の父」と言われるまでになったのである。

004

読書は人生を良い方向に導いてくれる

本をよく読むことで自分を成長させせよ。
本は著者がとても苦労して身に付けたことを、
たやすく手に入れさせてくれるのだ。

ソクラテス（哲学者／古代ギリシア）

本を読むことの意義は山ほどある。まず、自分の言葉が増える。それだけ人生を生きていくための力も幅も大きくなる。人は言葉でつくられる部分が大きいからだ。

次に自分がよくわかるようになる。本を読むことは、著者との〝対話〟に加え、自分の心と〝対話〟することでもあるからだ。こうして自分のやりたいこと、やるべきこと、自分が正しいと思う考え方を形成していくことができる。

さらに、読書で心の浄化を図ることができる。自分を省《かえり》み、ストレスや人間不信、自分不信を払い、いわゆる人格の修養、徳の向上に努められるのだ。

ソクラテスが教えるように、多くの先人たちが苦労し、身に付けたことを、私たちが活用しない手はない。

さらに、こうした本を読んで、人格の修養、徳の向上を図った誠実な文明の後継者たちがどれくらい存在するかが、その社会の元気さ、活力を測るバロメーターとなるのである。

以上のことを考えると、やはり本を読むしかないではないか。

005 負けは再挑戦のスタート地点となる

私は、失敗を受け入れることができる。
しかし、挑戦しないことは受け入れられない。

マイケル・ジョーダン（プロバスケットボール選手／アメリカ）

「負けました」「私が間違っていました」と素直に言える人の中で、その負けた原因、間違っていた理由を見つめた後、修正と工夫をし、自分を変えられる人ほど強くなる。

だが、これはけっこう難しいことでもある。そこを、自分のやりたいこと、生きる道、夢と希望などをしっかりと定め、強く意識することで、強い自分になる。こういう生き方を身に付けたいものだ。

将棋の谷川浩司永世名人も言う。

「『負けました』と言って頭を下げるのが正しい投了の仕方。辛い瞬間です。でも『負けました』とはっきり言える人はプロでも強くなる。これをいい加減にしている人は上に行けません」

また、ヘンリー・フォードも失敗した人を励ます。

「失敗とは、よりよい方法で再挑戦するいい機会だ」

006

まずは思い、そして言葉にし、実践する

思いは花であり、
言葉は芽であるが、
その後に現実の実践という実をつける。

ラルフ・ワルド・エマーソン（思想家・詩人／アメリカ）

何かを実現するには、そのために動くことが必要である。実は、その前提が二つある。それがここでエマーソンが述べる、「思い」と「言葉」である。

人が夢や目標を実現していく過程を見ると、まずは「思い」から始まる。この思いは、熱く、強いものほどよい。これは古くは孔子が『論語』で説いており、日本でも、〝念ずれば花開く〟という言葉を用いる人もいる。

次に、その思いを口に出し、言葉にする。言葉はあらゆるものを生み出すときの力のもとになる。言葉にすることによって、人は、その思いをしっかりとした具体的な目標にすることができる。

そして言葉は、自分自身と周りの人間に、大きな影響を与える。いわゆる言霊の力というものだ。

こうして現実の実践につながり、何らかの結果や反応が出る。この結果や反応を見て、また次の実践、行動につながり、ついには実となるのだ。思いと言葉の関係は、このように実践につなげるためにとても重要なのだ。

007 言い訳は未来の扉を閉ざす

不成功の99パーセントは、
言い訳ばかりをする習慣を持つ人から生まれてくる。

ジョージ・ワシントン・カーヴァー（植物学者／アメリカ）

カーヴァーのこの言葉は、「言い訳をしない人が成功している」ということを逆説的に教えてくれる。ところが人間は、ほとんどの人が言い訳をし、他人のせいにしがちだ。それが楽だからだ。しかし、その瞬間、成長も止まる。

『SLAM DUNK』『リアル』『バガボンド』などで著名なマンガ家、井上雄彦氏に二度ほど会ったことがある。一度目は、ある出版記念パーティーの席である。会話はしなかったが、彼が全日本車いすバスケットボールの日本代表選手たちとハイタッチする姿を見て、「こいつ、ぶっきらぼうに見えるが、本当はいい奴だな」（すいません向こうが年下なので）と思った（二度目に話すと、本当に〝いい奴〟だった）。

その車椅子バスケットボール日本代表元総監督の高橋明氏の言葉がいい。「失った物を数えるな。残った物を最大限に生かせ」

孟子は言った。

「すべて自分の行うことがうまくいかないときは、自分にその原因があるのではないかと考えてみるようにするのだ。それができれば、自分自身がますます正しくなっていくし、天下のすべてのことも必ず自分の方に付きしたがってくるだろう」

008

人生においては習慣の力がものをいう

すぐれた徳は、習慣がつくりあげるものである。
私たちは、自分でつくった習慣のようにしかならないのだ。
ふだんから節約している人が、節制の人となり、
勇気ある行動をしている人が、勇敢な人となる。

アリストテレス（哲学者／古代ギリシア）

人は3歳までに両親から受けた影響を、生涯受けてしまうという。

「三つ子の魂百まで」である。

これも広くとらえると、「幼い頃の影響を習慣として引き継ぎやすい」ということになろう。人は生まれつきの資質や性格があろうとも、なりたい自分をつくりたい。それを可能にしてくれるのが習慣の力である。

人としてのすべての徳（人格のよさ、人としての器の大きさなど）も、習慣によってしかつくれないのだ。100歳を超えても元気に仕事を続けた医師の日野原重明が次のように言っているのが参考になる。

「人生は、一言で言えば習慣だと私は思っています。習慣に早くから配慮した人間は、おそらく人生の実りも大きなものになるでしょう。反対に習慣をあなどったなら、その人の人生は空しいものに終わってしまう。悪い習慣が命取りになるのです」

009 自分の主導権は常に自分で持ち続ける

自分の運命は自分でコントロールすべきだ。
さもないと、誰かにコントロールされてしまう。

ジャック・ウェルチ（実業家／アメリカ）

GE（ゼネラル・エレクトリック）の伝説的経営者ジャック・ウェルチらしい名言だ。

あくまでも自分の人生なのだから、すべては自分で決めよという。そうでないと、いつのまにか他人にコントロールされてしまうだろうというのだ。

それだけ人はまわりに影響されやすいのだ。日々、自分を確認し、自分の生き方はこれでよいのかと問うて軌道修正し続けていかねば、気が付けば他人の言いなりの自分がいたりする。

これも他人のせいにしてはいけない。全部自分が招いた結果なのである。

現代経営学の父と呼ばれるピーター・ドラッカーも言う。

「無数の選択肢を前にした若者が答えるべき問題は、正確には、何をしたらよいかではなく、自分を使って何をしたいかである」

あくまでも主体的に生きよ、というのだ。選択肢は無数にある。

自分は自分の人生の操縦者であるべきだ。

010 継続し、積み重ねることが成功への第一歩

大きな事を成し遂げたいと欲するときには、
小さい事を怠らずにきちんと仕上げていかねばならない。
なぜなら小さいことが積もって大きな事となるからだ。

二宮尊徳（農政家・思想家／日本）

二宮尊徳の教えを守って成功した明治の実業家は多い。

それはそうだろう。二宮尊徳自身が指導したのは、大は藩から小は個人までであるが、失敗したものはなかったからだ。絶対失敗しない方法とは何か。それは小さな成功を積み重ねていくことだ。

トヨタの創始者・豊田佐吉も、この尊徳の教えにしたがい、自動織機に改善に改善を重ねた。そのパテント料をもって息子喜一郎に、自動車の研究をさせ、将来の事業にせよと命じたのである。

ドラッカーも言う。

「オーナー企業家に天才的な神話があるというのは、神話に過ぎない。私は40年にわたってオーナー企業家たちと仕事をしてきた。天才的なひらめきをあてにする企業家は、ひらめきのように消えていった」

011
失敗を恐れず挑戦する姿勢を忘れない

人間、志を立てるのに
遅すぎるということはない。

スタンリー・ボールドウィン（政治家／イギリス）

そもそも人生は自分のものだ。だから何をやろうと、始めようと、自分のやりたいことをやればいい。何やら言う人がいても無視すればいい。その人は大したことを考えて言っているわけではない。

教育家のエマーソンは言う。「どんな芸術家でも最初は素人だった」と。

何かをするには、踏み出さねばならない。つまり、初めの一歩が肝心だ。実業の分野では、サントリー創業者、鳥井信治郎の有名な言葉がある。

「なんでもやってみなはれや。やらなわからしまへんで」

日野原重明は、尊敬する宗教思想家マルティン・ブーバーの言葉を大切にしていたという。

「始めることさえ忘れていなければ、いつまでも老いることはない」

ただ一つだけ注意すべきことは、志を立てるのに遅いことはないが、それまで何もしなくてよいということではない。

誠実に生き、自分の仕事の成果を出し続けようとしていなければならないのである。

012 何が正しい目標かを見定め、見失わないこと

心は正しい目標を欠くと、
偽りの目標にはけ口を向ける。

ミシェル・ド・モンテーニュ（哲学者／フランス）

目標は持たない方がよいという人もいる。そのほうが視野が広くなり、スタンスが柔軟になって、ためになる情報も仕入れられるというのだ。

しかし、やはり人生に目標は持つべきだと私は思う。それもモンテーニュの言うように正しい目標でなければならない。自分の生き方はどうあるべきか、何をしたいのか、何をすべきかを明確に定めておくのである。そうすると、偽りの目標や怪しげな誘いに乗らなくてすむ。正しい目標を欠くと、人はついおかしな目標を持ってしまう。

また、自分の本当のやりたいことでないのに、周りに引き込まれてしまい、その人たちのくだらない目標達成のゲームに巻き込まれてしまったりするのである。

第2章

叶える

人生は自由。
すべては自分が決める

013 毎日の挑戦が人生を豊かにする

どんな人でも、少なくとも一日一つ、
自分には難しいと思えることに挑戦し、
それをやり抜かない限り、
人として大した成長はできない。

エルバート・ハバード（著述家・哲学者／アメリカ）

人生は挑戦することに面白味がある。

そして、毎日挑戦する人が、いわゆる使える人、できる人、事を成し遂げていく人になる。

なぜなら挑戦する人は、現状に甘んじていれば、自分の成長も、自分の未来も大したことがないとよくわかっているからだ。

反対に、できない人、使えない人、伸びない人は、自分の現状を変えようとか、自分の能力を向上させたいとは思わない。いかに楽をして生きていくかを考えており、新しい目標や難しい目標に挑戦することはしないのだ。

こうしているうちに、挑戦しない人は、時代にも、周りにも取り残され、ただ他人の好意に助けられて生きている人になってしまうのだ。

エルバート・ハバードは毎日挑戦する人を力強く応援する。

ハバードはこういう人こそが、自分の人生を充実させられる人であり、社会の〝宝物〟であると見ているのである。

014
挑戦と失敗を重ね本物の人格を育む

本物の人格は、安楽と平穏からはつくられることはない。
挑戦と失敗の苦しみの経験を通してのみ、精神は鍛えられ、
夢は明確になり、希望が湧き、そして成功が手に入る。
こうして初めて本物の人格ができあがるのだ。

ヘレン・ケラー（教育者・社会福祉事業家／アメリカ）

本物の人格を身に付けた人は、社会の〝宝物〟だと思う。

なぜなら、彼らが世の中のために動いてくれることで、社会に貢献し、その姿から私たちは勇気を得て、その生き方に学ぼうとするからだ。

では、本物の人格はどうやってつくるのか。それは、まず目標を立て、挑戦するところから始まる。挑戦がすんなりいくことはまずない。ほとんど失敗する。失敗をすると苦しくて悩む。〝なぜだ。なぜ失敗したんだ。何が自分に足りなかったんだ〟と悩む。これが精神を鍛えることになる。本当は、つらいのだ。では、諦めるのか。そうはいかない。なぜ自分は挑戦したんだ。夢があるからではないか。それを実現するのが楽しくてうれしくてしかたないからではないか。より大きな喜びと楽しみを知るためではないか。

挑戦と失敗を繰り返し、困難を乗り越えていくことで、本物の人格ができていくのだ。

本田宗一郎（ホンダ創業者）は次のような言葉を残している。

「私はたえず喜びを求めながら生きている。そのための苦労には精いっぱいに耐える努力を惜しまない」

015 逆境が人を磨き上げてくれる

飛ぶためには、
抵抗がなければならない。

マヤ・リン（芸術家／アメリカ）

古今東西の偉人たちは、口を揃えて言う。飛躍するためには、苦労と苦難の経験がいる、と。まずは、夢に向かって挑戦する。動く。そして障害や抵抗に必ずぶつかるが、それをきっかけにして、飛び上がるチャンスをつかむのだ。

シャイクスピアの言葉。「逆境が人に与える教訓ほど麗しいものはない」

サン・テグジュペリの言葉。「犠牲とは、おまえをなにものからも切断することなく、逆にお前を富ませるものだ」

勝海舟の言葉。「世の中は平穏無事ばかりではいけない。少しは不平不満とか、騒ぐもののあるほうがよい」

西郷隆盛の言葉。「人は何度も辛酸を経験してから初めてその志が固まってくるのだ」

吉田松陰の父は松陰が獄に送られるときにこう言った。「一時の屈《くっ》は、万世に伸びていくためのものだ。どうして嘆き悲しむことがあろうか」と。

太宰治の言葉。「笑われて、笑われて、つよくなる」

すべて、心に響くいい言葉だ。励まされるではないか。

016 人は自分の人生を自分で選ぶべきだ

人間は自由であり、
つねに自分自身の選択によって行動すべきである。

ジャン・ポール・サルトル（哲学者・作家／フランス）

まず最初に、人間は自由であるべきことを強く確認したい。

しかし、世界の現実は厳しく、日本のように完全に個人に自由が認められ、社会も自由な国はなかなか存在しない。日本には実質的に、階級による制約も、人種による差別も、独裁者（一党独裁も含む）による支配も、歪んだ教育や法律もなければ、表現、行動の自由の制約もないのだ。

そういう環境の中で日本のビジネスマンは大いに働き、日本は世界に例を見ない経済発展をもたらした。

ドラッカーは言う。

「人生から何を得るかを問い、得られるものは、自らが投じたものによることを知ったとき、人は人として成長する。また組織から何を得るかを問い、得られるものは自らが投じたものによることを知ったとき、初めて人は人として自由になる。なぜなら、それは自分次第なのだとわかるからだ」

このように、すべての結果は自分次第であり、自由になりたい自分をつくれるということだ。つまり〝自由〟には、その責任を決して他人のせいにしてはいけないことも含まれているのだ。

017 富への最短距離は勤勉と節約の実践

富への道は、それを望めば簡単なことなのだ。
それはビジネスの取引のやり方と同じである。
勤勉と節約だ。時間とお金を決して浪費せずに、
この二つを最大に活用しよう。
まじめに働いてお金を得て、必要な支出を除いて得たお金を
貯金するのである。
こうすれば必ず富む者になれる。
正直に努力するすべての人に祝福をお与えになる神様が司《つかさど》る
この世界においては、必ずそうなるのである。

ベンジャミン・フランクリン（政治家・科学者・著述家／アメリカ）

〝お金持ちになる法〟がいろいろと説かれているが、〝幸福なお金持ち〟になるには、フランクリンが説くように勤勉と節約しかないということだろう。

イギリスの経済学者のアダム・スミスも、有名な『道徳的感情論』の中で、それなりの生活に困らない以上の富を得る者は、それに応じた徳を積んでいかないと、不幸になると警告している。まずは、仕事能力を身に付け、稼げる人にならなければならない。組織や社会に貢献できるほどに仕事に打ち込むべきだ。そして時間とお金をムダ使いしない。これが原理・原則だ。

フランクリンは、〝勤勉と節約〟を主張して有名となったため、ガチガチの堅物にも思えるが、そうではなかったろう。アメリカ独立の支援を得るためパリの社交界に乗り込むが、〝モテモテ〟の男で、フランスの各家庭の暖炉の上には、その肖像画が飾られていたというエピソードもある。

フランクリンは自分のやりたいことを見つけ、人生を楽しんだ。〝自己投資〟をし、それを社会に還元する過程が楽しくてしかたなかったのだろう。そのための〝お金持ちになる法〟だったに違いない。

018 成功をイメージして夢や目標を実現

まだ自分には無理だ、もの足りない、
と思うようなことでも、
それらしくふるまうのだ。
自分の望む奇跡的な人間になってしまうのだ。
嘘でいいから、そうするのだ！
やりたい役を演じなさい。
演じるのは現実世界で、
やりたい気持ちは内なる声だ。

ウェイン・W・ダイアー（スピリチュアリスト／アメリカ）

一種のイメージトレーニングである。

イメージトレーニングというと、スポーツの世界だけで取り入れられているという狭いイメージがあるが、ここでは、人生における夢や目標の実現、達成も視野に含めている。

自分の人生を思い描き、絶対にこうなりたい、こうしたいというものが出てくる。ところが、今の自分には、まだその力はない。遠く届かないかもしれない。何か手はないか。そういうときは、ダイアーの言う通り、すでに夢や目標が実現してしまっているふりをしてしまうのだ。

ふりをしているうちに、自分でも不思議なのだが、何となく本気になってくるものだ。そうなると、自分の周りにその資料やグッズ、勉強材料も磁石に引き付けられるように集まってくる。必要な人まで集まり始める。

こうして、結局、あなたは夢や目標を実現しているのである。

019 いつまでも子どもの心を忘れずに夢を追う

私たちにその夢を追う勇気があれば、
すべての夢は実現する。

ウォルト・ディズニー（アニメーター・プロデューサー／アメリカ）

イギリスの詩人オルダス・ハクスリーは言った。

「天才の秘密は、子どものときの精神を大人になっても持ち続けられるということだ。つまり、自分の情熱を失わないということだ」と。

人は、幼いころは必ず夢を持っている。これは10代、20代と持ち続けることも多いが、だいたいは20代あたりから怪しくなる。現実の生活に追われたり、世の中の大変さを知ると「やっぱり、そう甘くはないな」と言い訳をして諦めてしまう。しかし、情熱を失わない人もいるのだ。例えばディズニーのような人だ。

作家の高橋歩も言う。

「夢はいつも逃げない。逃げるのはいつも自分だ」

『宇宙兄弟』の南波六太は宇宙飛行士試験の面接でこう言った。

「俺の敵はだいたい俺です。自分の〝宇宙へ行きたい〟っていう夢をさんざん邪魔して足を引っぱり続けたのは結局俺でした」

020

無理に時を焦らずに時を待つ心も必要

悪い時が過ぎれば、良い時は必ず来る。
おしなべて、事をなす人は、必ず時の来るのを待つ。
あせらずあわてず、静かに時の来るのを待つ。
時を待つ心は、春を待つ桜の姿といえよう。
だが何もせず待つことは僥倖《ぎょうこう》を待つに等しい。
静かに春を待つ桜は、
一瞬の休みもなく力をたくわえている。
たくわえられた力がなければ、
時が来ても事は成就しないだろう。

松下幸之助（パナソニック創業者／日本）

夢を追う。

今のビジネスパーソンはそれぞれに成果主義の思想を身に付け、移り変わりの激しい現代では、ビジネスは一年の決算でその年度ごとに経営の責任を問う傾向が強まっている。しかし、成功というものは、そういう時代の風潮には合わない。

これまで、日本を大成功に導いた多くの人びとの一挙手一投足を見ればわかるように、成功には「時を待つ心」が必要なのだ。特に、経済社会は時代という大きな波に乗って動く。さらに、個人の資質としても、じっくりと心を練り、ブレない自分の生き方を確立した人こそが事を成す。

松下幸之助はこう言っていた。

「時の来るのを信じて、着々とわが力をたくわえる」

一年に一度の桜の花と香りを待ちわびる――。日本人は世界一「時を待つ」ことのできる民族である。

『武士道』の中で新渡戸稲造はこう説く。

「彼らは、その短い快楽が終われば、新しい力と新しい決心をもって、日常の生活に戻っていくのである」

021
どうすれば目標達成できるか手順を考える

石橋を叩いて安全を確認してから決心しようと思ったら、
おそらく永久に石橋は渡れない。
やろうと決めて、
どうしたらできるかを調査せよ。

西堀栄三郎（登山家・化学者／日本）

仕事ができる人かどうかの基準は、やるべきことを頼まれたり、自分で決めたりしたときに、できない理由をまず探す人かどうかということである。

もちろん、できない理由を探す人は仕事ができない人だ。

さらには、慎重を期すために、石橋を叩いて自分の安全を確認してから渡ろうとする人がいる。こういう人はおそらく、自分自身の身の安全、保身ばかりが気になるために、南極越冬隊長を務めた西堀栄三郎が述べたように、おそらく永久に石橋を渡れない人なのだろう。

「やるべき」ことが決まっているというのなら、あとはどうすればやれるのか、打開策を見つけていくしかない。

また、これが人生の一つの醍醐味であろう。

もちろん、リーダーはこの挑戦やプロジェクトに各人が打ち込めるように環境を整えるのが重要な仕事といえる。

022

私たちが私たちとして存在できる根拠

自由とは、
なにかをなしたい要求、
なにかをなしうる能力、
なにかをなさねばならない責任、
この三つのものに支えられております。

福田恆存《つねあり》（評論家・翻訳家／日本）

現代人のキーワードの一つは〝自由〟である。

先人が苦難を乗り越えてきたからこそ、私達は自由の意味を考え、実現できる時代となった。しかし、すべての国、地域がそうではない。自由を享受しているのは日本などのほんの一部の国々にすぎない。だからこそ、人類のためにも、ここで失敗することは許されない。世界の人々に、人としての正しいあり方は何か、つまり自由とは何かを示し、そのすばらしさを維持・保障していくこと（社会への責任）をしっかりと示していきたいものだ。

その点、福田恆存《つねあり》のこの言葉は、とても参考になる。

自由とは、自分がやりたいことを自分で決められることである。自分で決めるということは、そこに自分への信頼がある。自分には、こういうことを達成できる能力があるはずだ。だからやる。そして、自分の思いを実現するために必要なことは、自分がいる場所、つまり国や社会が、自分が持つ自由を保障することを前提とする。この自由を認めない勢力、外国の圧力には戦わねばならぬし、国家の繁栄のための責任、義務を果たさねばならない。

自由とはこのように大きな責任を伴うものなのだ。

第3章

生きる

生きるとは
前を向くこと

023

お金と幸せと喜びの相関関係

ただお金を持っているというだけでは幸せにはなれない。
本当の幸せというのは、
人生に目標、目的を掲げ、
それを達成した喜びの中に、
そして、そのために自分で創意工夫して
がんばり抜く過程の中にあるのだ。

フランクリン・ルーズベルト（第32代アメリカ大統領／アメリカ）

お金がこの世で最も重要なものの一つであることは、子どもでも知っている。親たちが毎日、そのお金をいかに稼ぐか、いかに有効に活用するかについて気を遣っているのを見て育っているからだ。

お金のことをよく知らない人は、そんな心配しなくてもよいボンボンである。お金は、まぎれもなく重要である。お金があるおかげで、人は自由に行動できるのだ。互いに拘束することなく、欲しいものを手に入れられる。

他方でお金は富を表し、富は目に見えない類の力を人に与えてしまうことがある。だから人はお金に魅せられ、お金に憧れる。しかし、問題は、お金という富が人を本当に幸せにするかというと、必ずしもそうではないというところにある。

お金は、扱いようによっては人を大きく不幸にしてしまう。一番の幸せの基《もと》となる、よい家族や友人関係、そして仕事の充実を、お金よりも大切なものとして捉えるようにしたいものだ。

024
人生は決して一人では生きられない

私たちは、世の中から得たもので生きていくが、
当然のこととして、
世の中に貢献することで
人生を送らなければならない。

ウィンストン・チャーチル（政治家／イギリス）

人は生きていく上で、自分の生き方、志、夢、そして人生の目標をはっきり定めることが重要である。そうすることで、自分の能力を最大限に生かし、世の中、社会に貢献しようというのである。何よりも人生が充実し、楽しくなる。

そもそも、社会貢献というのは生きている以上、みんながやるべきことだ。チャーチルが言うように、私たちが生きていけるのは、他人の助けや協力あるいは力があってのことだからだ。食料ひとつ考えてもこのことは明らかだ。田植えから始まる稲作を例にとるまでもなく、食事でさえ、自分一人の手ではできないのだ。

だからこの世に生を享《う》けた以上、何らかの形で社会貢献することで、私たちは生きていく〝資格〟を得られると見るべきだ。

仕事は、社会貢献の一つの典型だ。「職業に貴賤《きせん》なし」というのも、この見方からすると、正しい格言である。

自分にとって、最も社会貢献できるものを見つけそれに打ち込むことが、望ましいのは言うまでもない。

025

幸福は与えられるのではなく築くものである

私たちの幸福のほとんどは、
その生まれ持った境遇にあるのではなく、
私たち自身の心のありようで決まるのである。

マーサ・ワシントン（ジョージ・ワシントンの妻／アメリカ）

幸福とは、私たちがこの世に生まれてきてよかったな、生きていてうれしいなと心が感じることである。

あくまで、心が感じるかどうかが重要なのである。

「幸せだな」と思えれば、人生は楽しくて、生きがい、やりがいが感じられていることになる。つまり、人との関係もうまくいき、仕事も充実しているということだ。

こうしてみると、生まれついての境遇など〝私たちの幸せ〟にはまったく関係ないことがわかる。むしろ、生まれた境遇がよい人のほうが、人生の淋しさや不満を感じることが多い。というのは、生まれてきたこと、生きていることとの幸せや喜びを人が最も感じるのは、自分の力で苦労に打ち克って、目標を達成していくところにあるからだ。

やはり心のありようこそが幸せのカギを握るのだ。

026

あらゆる出会いを大切に思ってこそ

人生の上り調子のときに会う人には、
いつもよくしておきなさい。
なぜなら、下り調子のときに会うのも、
同じ人だからだ。

ウィルソン・ミズナー（脚本家・劇作家／アメリカ）

自分を強運だと信じて疑わない人も、実際は、人生において上り調子のときもあれば下り調子のときもある。「上り調子のときしかなかったよ」という人は、そう思い込んでいるだけだ。

高杉晋作の「人生で困ったたなんて思ったことは一度もない」とか、松下幸之助の「私ほど運のよい人間はいない」というのは、詰まるところ、記憶の書き換えなのだ。彼らは、その〝思い込み〟を力としているのである。本人たちの人生を調べると、かなりひどい下り調子のときもある。

だが、上り調子のときの人付き合いもよかったのだろう。下り調子になっても、天の助けのような人が現れたり、部下から育ってくるのだ。

下り調子の時期は、人間修養の時期だ。人を見分ける力も、このときに身に付く。上り調子のときは、いろんな人間がたくさん近づいてくる。このとき偉そうにしたり、冷たく扱ったりするのはやめたほうがよい。わずかではあるが、その中に、本物の人物がいるからだ。その人が、人生のどん底から飛躍していくときに、力となってくれるのである。

027
輝くような笑顔が偉大なる力を生む

笑いは、
二人の人間をもっとも近づけてくれる。

ヴィクトル・ボルゲ（コメディアン・ピアニスト／デンマーク）

赤ちゃんは、なぜ笑うのか？

人間の赤ちゃん、つまり幼児は成長に時間がかかり、育てる親の苦労は並大抵ではない。

だが問題ない。赤ちゃんの笑顔を見ると、辛いことは、みんな忘れてしまい、幸せになれるからだ。ということは、笑顔が魅力的な人は、よほどのことがない限り、相手に受け入れられるということだ。

ドストエフスキーも、「笑顔が気持ちよかったら、それはいい人だと思ってよい」と述べている。

人を魅了する笑顔は、〝英雄〟の条件の一つとさえ言う人もいる。大きな戦略としては腹黒く（志が大きい？）、接する人や支える人を笑顔で虜にするということか。

生まれつき、魅力的な笑顔の人もいるかもしれないが、努力で何とかして、それを身に付ける人もいる。

人気経営コンサルタント、トム・ピーターズは、人生で成功するためにと、毎朝、鏡の前で、笑顔の特訓をしたそうだ。笑顔が最高の武器であることをわかっているからだ。

028
真の幸福と喜びの追求こそ人生の意味

私たちは、三つの異なった方法で、
人生の意味を発見することができる。
それは、
1　よいことをすることによって
2　価値のある体験によって
3　苦しむことによって
の三つである。

ヴィクトール・フランクル（精神医学者／オーストリア）

精神科医としても著名だったフランクルが、ナチスによって強制収容所に送られた体験をもとにして著した『夜と霧』は、世界中で読み継がれる大ベストセラーだ。そのフランクルは人生の意味を見つけるには、三つの方法で考えよと説いている。フランクルによると、それを実践することで人は自分自身を成長させ、本当の人生の意味を発見できるというのだ。

一つ目は、「よい行いをしてみよ」。人によいことをすることで、人に喜ばれ、自分も喜ぶことがわかる。生きている喜びになるのである。

二つ目は、「価値のある経験をしてみよ」。社会に役立つ仕事に従事し、立派な人たちにも評価されるということだ。人生が充実するというのである。

三つ目は、「苦しめ」。フランクルが極限の苦しみの中で悟ったことから出てくる。人間は苦しむこと、苦難の中からしかわからないもの、つかめないものもあるということだ。

どんなときでも、人生を前向きに捉え、真の幸福と喜びを求めよというフランクルのメッセージである。

029
実体のないものに怯えても意味はない

概して、人は見えるものより、
見えないことに思い悩むものである。

ユリウス・カエサル（政治家／古代ローマ）

取り越し苦労は、誰にでも経験があるはずだ。

ただ、これが過ぎると、人生至るところで消極的になり、せっかくの飛躍のチャンスを失いやすい。また、人によっては心を痛め、精神を参らせてしまうようになる。

ところが、カエサルも言うように、〝取り越し苦労〟というのは、見えないものを自分の想像力によって勝手につくってしまっていることがほとんどなのだ。こんな馬鹿げたことで人生を狂わすのはもったいない。リンカーンは、人のうわさ話について次のように述べている。

「自分の人格は木のようなものであり、他人による自分のうわさはその影である。影は想像上のものであって、木こそが真実なのである」と。

噂とはいいかげんなものだから、放っておくことだ。

チャーチルは、さらに激しい。

「危険が身に迫った時、逃げ出すようでは駄目だ。かえって危険が二倍になる。決然として立ち向かえば、危険は半分に減る。何事に出会っても、決して逃げるな」と。

030 何度も自分の行動を省みることが成功へ近道

曾子《そうし》曰く、私は日に三度、自分のしたことを反省する。
人の世話をするのに誠意を尽くしたか。
友人との付き合いにおいて、
信《まごころ》に欠けることはなかったか。
学んだことを本当に理解していないのに、
人に偉そうに教えなかったかと。

曾子（孔子の弟子／古代中国）

一日のうちに時間を決めて（就寝前が一般的だろう）自分の行動を反省することができれば、優れた人になるのは間違いない。

有名なところでは、アメリカ合衆国を独立に導いたベンジャミン・フランクリンが説いた〝フランクリンの十三徳〟がある。この十三徳は日本にも影響を与えたという。自伝の中で紹介されている。これらをフランクリンはノートに記し、確認していたという。

その十三の徳とは①節制、②沈黙、③規律、④決断、⑤節約、⑥勤勉、⑦誠実、⑧正義、⑨中庸、⑩清潔、⑪冷静、⑫純潔、⑬謙譲、である。

この〝フランクリンの十三徳〟は見てもわかるように、『論語』の教えと重なるところが多い。教育勅語《ちょくご》も、その折衷《せっちゅう》といったところだ。

常に持ち歩く手帳やノートというツールを、曾子のような反省型か人生予定型（スケジュール型）にするかは、その好みだが、いずれも効果絶大というべきだろう。

なお、三省堂書店は、この曾子《そうし》の言葉をもとにして名付けられた。

031
食事がその人の人格を形づくる

どんなものを食べているか、言ってみたまえ。
君がどんな人であるか言いあててみせよう。

ブリア・サヴァラン（法律家・政治家／フランス）

何を食べるか、何を食べて生きているかは、その人の重要な構成物の一つである。特に西洋社会は階級社会であったから（あるから？）、この言葉の意味はなお一層深いものがあった。

学問以外に興味はないと言い切る孔子でさえ、旬の食べ物以外は口に入れない、正しい調理法でないと食しないなどと、けっこうやかましい。

江戸時代、武家の食生活は質素であった。新渡戸稲造の『武士道』でも「武士は食わねど高楊枝」ぐらいしか言葉は出てこない。

ところが、現代の日本人は海外旅行を楽しんだり、高級な日本料理、西洋料理などを食べ、大いに人生を楽しむようになった。これはいいことだ。人生は楽しむためにある。

サヴァランの『美味礼賛』における、この名言は、元ネタがある。17世紀のスペインの作家セルバンテスの「あなたの仲間を見れば、あなたがどんな人物かがわかる」（『ドン・キホーテ』）である。それほど、古来より言われてきたことなのだ。

032 人生は未来へつながる一方通行の道だ

人生は後ろ向きにしか理解できないが、
前向きにしか生きられない。

セーレン・キルケゴール（哲学者／デンマーク）

人生は前向きにしか生きられない。それは自明であるが、キルケゴールが説くのは〝心構え〟としても、〝前向きに生きるべきだ〟ということである。

前向きに生きないことは、自分の人生を諦め、死んでいることと同然だからだ。食事をしても、前向きに生きる人は、おいしく感じるだろうし、そこから滋味《じみ》、栄養を多く吸収する。力を付ける。人生はいいな、人間は捨てたもんじゃないとポジティブに考える。

一方、前向きに生きることをやめてしまった人は、何を食べてもおいしくなく、文句、不平ばかりで、不健康となる。生きることに何の意味も見出さなくなる。人と会うのも面白くなくなる。ただ息をしているような存在となる。

しかし、よく考えてみよう。それでも人は生きるのだ。何かを期待しているのだ。天の助けか、人の助けか。

しかし、天も、人も前向きに生きる人しか助けないことを早く知るべきだ。

一日も早く、少しでも多く、前向きに活動していきたい。それが明るい未来への最短距離だ。

033

人生は一度きりだから、最初から全力で

魂のこもった青春は、
そう安易に滅んでしまうものではない。

ハンス・カロッサ（医師・作家／ドイツ）

人生は一度しかないのだ。

20代からぶっ飛ばして、自分のやりたいことに、思い切り魂を込めて、元気いっぱいに挑戦すべきだ。これが後に財産になるのだ。

そして次に大切なのは、「コツコツと自分は何をすべきかを見つける」ということである。

ドイツの作家ハンス・カロッサの逸話がある。

カロッサは第一次大戦に出征する直前、尊敬する詩人リルケに会いに行った。リルケに心酔するカロッサはリルケが何か神秘的な雰囲気をまとい天才的なひらめきで詩作にふけるものと信じていたが、会ってみると、まるで工房に入って仕事をする職人のような態度で詩作しているのを目の当たりにして驚嘆する。事務的に日課を果たすような偉大な詩人の姿。カロッサは驚きと励ましの気持ちを得てリルケの家を辞したという。

これは、それまでのカロッサの魂のこもった生き方があったからこそ、リルケの姿から自分がやるべき道が見えてきたということではないか。

第4章

信じる

自分を信じ、
自分の生き方を貫く

034 運の強い人は運を自分の傍に引き寄せる

私は運の存在を強く信じている。
そしてその運というのは、
私が学べば学ぶほど、
私についてくるのがわかる。

トーマス・ジェファーソン（第3代アメリカ合衆国大統領／アメリカ）

運についていて、人びとの関心は高い。運がよくなるためのグッズが売れたり、運の指南をする人もけっこういたりする。

結局、運というのは、ジェファーソンが述べるように学び続ける人、向上する努力を続ける人、工夫し続ける人に最も訪れてくるというのが正解なのである。本人は何もしないで、〝ラッキーカラー〟を身にまとい、〝幸運の財布〟を持っていても、何一つ自分自身の成長はなく、小さなことに一喜一憂するだけの人間となってしまうだけだ。

ただ、〝自分は強運な人間だ〟と信じ込むことは有意義だろう。

なぜなら、仕事にも、勉強にもこれだけ前向きに取り組む人間だからと、自分に言い聞かせるよい手段となるからだ。

医者であり作家のサミュエル・スマイルズも『自助論』の中でこう断言する。

「幸運の女神はわれわれ人間ほど盲目ではない。現実の人生を見ればわかるだろう。腕のよい航海士にはいつも風や波が味方するのと同じように、幸運も常に勤勉な人間の肩を持つのである」

035 正しい勇気は良心の中から湧き起こる

すべての真の勇気は良心から生まれる。
人が勇敢であるためには、
自分の良心にしたがうことが大切なのだ。

ジェームズ・フリーマン・クラーク（神学者／アメリカ）

〝勇気〟とは、人のために（時には自分自身の成長のために）、あるいは世の中全体のためにやるべきことがわかったとき、それをやるぞと踏み出させる心のありようや精神のことを言う。

だから真の勇気を出すためには、良心の人でなければならない。

良心とは、「人としてこれが正しい方向と自分の心が命ずること」と言ってもよいだろう。かつて日本人は、ここでの良心と同じような趣旨で「義」という言葉を用いた。新渡戸稲造は、『武士道』の中で次のように述べる。

「勇気は義のために実践されなければ、人の徳のうちに教えられるに値するものではない」

『論語』で孔子は、勇を定義するのにいつものごとく、否定の手法で説明する。「義を見てせざるは勇なきなり」と。

これを肯定的な言い方にすれば「勇とは正しい道理を行うことである」ということになる。

東洋も西洋も真の勇気については同じことを教えているのだ。

036
自分自身への信頼が他者への信頼につながる

自分を信じられない者は、
他人を信じることはできない。

デ・レッツ大司教（聖職者／フランス）

自分を信頼する、自分を信じるということは簡単なようで、難しいものだ。信じるためには、それなりの自分を確立しておかねばならないからだ。

〝それなりの自分〟とは、次のように考えられる。

「自分は完璧じゃないけれど、我欲にとりつかれ、自分だけよければいいんだという人間ではないことを知っている。そのための自己コントロールもある程度はできている。しかも、自分が両親や先祖、そして祖国につながっていて、そうしたものへの畏敬の念があり、そのつながりをよく自覚し、誇りに近いものを持っている」

以上のような、〝それなりの自分〟あるいは人によっては、〝大した自分〟を自覚して、自分を信じられるようになる。

これがないと、あやしいもの（エセ宗教など）に頼ったり、自分を見失ったりして、フラフラしてしまう。

他人を信じないと、社会生活はスムーズに進まない。人間関係や仕事もうまくいかない。まずは、自分を信じることから始めなければならないのだ。

037 自分を信じることが創造の湧き出す泉となる

創造力は自己信頼から生まれる。
自分の才能を信じなさい。
しかし、自分が実際に行った努力以上のことは
期待してはいけない。

リタ・メイ・ブラウン（作家／アメリカ）

自己への信頼があってこそ、自身の才能は伸びていく。

才能というのは、本当にあるのかなんて誰にもわからない。あると信じて努力しているうちに育つのが〝才能〟だと言えなくもない。

よいものが生まれないとき、あるいは挑戦しない理由として、「才能がないから」というのは、甘えた自分への言い訳だろう。

やりたいのか、やらなければならないのか。

そして、やると決めたならば、あとは、自分を信じてやるしかないのだ。

そうすれば必ず何かが見えてくるし、何かが生まれてくるはずだ。それが創造力なのだ。努力はウソをつかないのである。

レオナルド・ダ・ヴィンチの言葉がある。

「鉄が使用せずして錆び、水が腐り、また寒中に凍るように、才能も用いずしては損なわれる」

信じて、やり続けるしかないということだ。それが人生のすべてだろう。

038 悩みにぶつかれば逆算して成功につなげる

もし、あなたに大きな悩みがあれば、
次の三つの手順で解決しなさい。
1　起こりうる最悪のことは何かを考えてみる。
2　そのことを受け入れる覚悟をする。
3　それから、落ちついて、最悪のことを
改善していくことを始める。

デール・カーネギー（作家／アメリカ）

〝悩み〟は、ほとんどの人が持つものだ。

どんなに脚光を浴びようが、社会的に成功者と見られようが、同じように悩む。

しかし、悩みは、放っておくと私たちの精神に悪影響を与えるから、何らかの解決策が必要である。その方法を紹介しよう。

まず、チャーチルが勧める〝楽天主義〟一本のやり方だ。人生を楽天的に考えていこうと決めてしまうのである。

次に、ここにあるカーネギーのように、冷静に分析的に、悩みと対決していくやり方だ。ある意味で〝人生改善法〟ともいえる。

予想できる最悪の状態をいったんは覚悟し、その状態を少しずつよくしていくために、するべき手立てを冷静に考えていく。

この過程で、私たちが本来やるべきことが何かが初めて見えてくることも多いだろう。

こうして悩みの解決を考えて、手を打つことが、逆に、成功への大きなステップへと変わっていくのである。

039

お世辞も批難も人生に何の意味ももなさない

あなたはお世辞にも批難にもとらわれてはいけない。
どちらにとらわれてしまっても、
それはあなたの弱みとなってしまうからだ。

ジョン・ウッデン（プロバスケットボール選手・コーチ／アメリカ）

他人の言葉は、よくも悪くも自分の心に大きな影響をもたらす。〝言霊〟というのがあるからだ。だから温かい言葉、励ましの言葉ほどうれしいものはないが、気をつけなければならない言葉もある。その一つはお世辞である。

お世辞は、言う人の本心から出ているものでもなく、あなたを励ますためのものでもない。お世辞を言う人の〝利益〟になるために言うのだ。

言われた方は、お世辞でもうれしくなりやすいものだ。すると自分の判断や方向性を誤らせる恐れがある。

もう一つは批難である。これもあなたの成長を願うものではなく、あなたの未来を阻害したいという、口にする人の悪意が込められている。

優しい人、誠実な人が、この批難の言葉を受けて傷ついてしまい、大事な成長期を無駄に過ごす恐れもある。

いずれにしても自分の良心を信じて、自分の生き方を信じて、正しいアドバイスに耳を傾けてよりよい人生を送るようにしたい。

040 世界を変えるためにはまず自分を変える

すべての人は世界を変えたいと思っているが、
自分を変えようとは思っていない。

レフ・トルストイ（作家／ロシア）

世界を変えたい、世の中を変えたい、会社を変えたい、人を変えたい、とほとんどの人は思う。

ところが、〝変えたいと思わない〟のが「自分」だとトルストイは言う。だから世界も人も変わらないのだ。もし真剣に何かを変えようと思うのなら、まず自らが変わるしかないのだ。

自分が変われば人が変わる、人が変われば社会が変わる――。それくらいの気概を持って人生を生きたいものだ。大げさに考えなくてもよい。小さなことから変えればいい。

笑顔の習慣、気持ちのよい挨拶、心に響いた文章を書き留める、本を執筆してみる、自分が正しいと思う運動に参加する、などから始めてみればよいのではないだろうか。変わるためには勇気がいるが、変わる面白さがわかれば、苦労も苦労ではなくなるはずだ。

本との出会い、人との出会いで、変わるきっかけをつかむ人もいる。自分が変わるきっかけは周りにいくらでもある。

041 自分しかできない自分だけの生き方を貫け

自分しか歩めない道を、
自分で探しながらマイペースで歩け。

田辺茂一（紀伊國屋書店創業者／日本）

生涯を自由人として生きた紀伊國屋書店創業者の言葉である。

似たような名言として、武者小路実篤の「この道より我を生かす道なし。この道を歩く」がある。彼らは、二人とも自分の好きな道を、人生を生き、歩んだ。ひとつ参考になるのは、人の意見に左右されないということである。

田辺は松原治という有能な経営者を得て、もっぱら組織経営のことは彼に任せ、自分は、才能探しや恋人探しに勤しんだ。

武者小路は、小説はそんなに売れなくても、独特な人生論を展開して、文豪の地位を築いた。何《いず》れも信念の人というしかない。

幕末の儒学者佐藤一斎の『言志四録《げんししろく》』より、名言を紹介しておこう。

「一燈《いっとう》を提げて暗夜を行く。暗夜を憂うること勿《なか》れ。ただ一燈を頼め（暗い道をたった一つの提灯を下げて行くとき、ただその一つの提灯を頼りに、それを信じて歩めばよいのである）」

ただ自分の信念を信じて行け、というのである。

042 定めた目標を達成するのは恐ろしいまでの執念

明確な目標を定めたあとは執念だ。
ひらめきも執念から生まれる。

安藤百福《ももふく》（日清食品創業者／日本）

目標が大事なことは述べたが、目標にもいろいろある。

わが人生をかけて目指すべきもの、5年後の目標、3年後の目標、あるいは目の前の、「今これを突破しなければ」と切羽詰まった当面の目標もある。

ここでやり抜き、「世にこの人あり」と言われたり、自分の人生に満足する結果を出した人の特徴をみると、彼らはすべからく目標を定めたらすぐに具体的な策を考え、行動しているということだ。

成し遂げるまではやめず、そのことばかりに集中し続ける。夜も昼も。精神の奥で考え、追究している。これが安藤百福《ももふく》の言う〝執念〟である。

これは実業の世界だけではない。スポーツでも学問でも同じだ。

ノーベル賞学者湯川秀樹も言う。

「アイデアの秘決は執念だ」

ドイツを代表する学者マックス・ヴェーバーは言った。

「一般に思い付きというのは、人が精出して、仕事をしているときに限って現れる」

アイデアや思い付きをかたちにするには、とてつもない努力と諦めない心の強さが必要なのだ。

043

何を変えればピンチがチャンスになるか

同じ物でも考え方一つ。
やるやつはやるように考えるし、
へこたれるやつはへこたれるほうへ考えてしまう。

松永安左エ門（実業家／日本）

人生はすべて考え方一つのところがある。だから、人生において悲観すべきことはないのかもしれない。

例えば、戦争というものは大きな被害を生み、死者も多く出す。だからといって、それが終わったとき、国の敗戦を嘆いているだけではしょうがない。

ここをチャンスと捉え、すぐに立ち上がった人は戦後に政治や経済を牽引した人が多い。

松永安左エ門や出光佐三のような日本人がたくさんいたおかげで、今の日本の繁栄があるのだ。

これは個人の人生にもあてはまる。

死に至る病になっても、物は考えようだ。

どうせいつか人は死ぬ。

病気をきっかけに大きな学びを得て、その後の人生を違ったものにする（もちろんより実り大きなものにする）覚悟を持てばよいのだ。

ピンチこそ、前を向き、進む強さが欲しいものだ。

044 すべての責任を自分で引き受ける覚悟を持つ

「お前はムリだよ」と言う人のことを聞いてはいけない。
もし自分で何かを成し遂げたかったら、
できなかったときに他人のせいにしないで
自分のせいにしなさい。

マジック・ジョンソン（プロバスケットボール選手／アメリカ）

これから自分の夢を成し遂げていこうというとき、必ず現れるのが、「お前には無理だ」と言ってくる人たちだ。こういう場合、得てして何かの根拠があって言うのではない。人の成功がうらやましいだけ、人の挑戦がまぶしいだけなのだ。

こういう人の言うことに耳を傾けてはいけない。自分が決めた以上、進んでいくだけである。たとえ、途中で失敗しても、これを他人のせいにしてはいけない。人のせいにした時点で、先の「お前には無理」と言う人と同じとなる。あくまでも、まずは〝自分〟である。

何事もその責任は〝すべて自分〟と覚悟すべきである。

チャーチルは言う。

「成功とは、意欲を失わずに失敗に次ぐ失敗を繰り返すことである」

人のことなんか気にしていられない。人のせいにもしていられない。ただ、成功するために、失敗を自分のものとして取り込んでいくのだ。

045 自分自身と良好な関係を築いてみる

真の謙虚さとは自分を正当に評価することであり、
長所をすべて否定することではない。

サミュエル・スマイルズ（医師・作家／イギリス）

謙虚は、絶対に必要な美徳だ。どんなに自分をコントロールできる人も、つい〝自分が〟と、前に出てしまうこともある。フランクリンも、そのあたりの難しさを自伝で述べている。

ところが、謙虚さにも、バランスが必要なようだ。私は、行き過ぎた謙虚さは、嫌味だと批判されたことがある。

良好な人間関係を築く場合、気心の知れた友との間では、謙虚さはほどほどでいい。特に〝この世で一番の友〟と言ってよい自分自身の前では、時には、自分を正当に評価して、自分をほめてやることだ。

そこに〝他人〟はいない。〝自分〟だけだ。

さらに向上していこうとする自分を励ます意味でも、自分で自分をほめてやることはよいことだ。気持ちが昂ぶり、前へ進む気持ちになる。

よくやった。偉いよ。この調子で、がんばっていこう――。

自分の人生を楽しみ、人を楽しませよう。私はそれに値する人間なんだ――。こういう言葉が心を燃やすのだ。

第5章

想う

思いやりの心が
人生を楽しくする

046
温かい言葉を自然に掛けられる優しさ

心の奥底に達して、あらゆる病を癒せる音楽、
それは温かい言葉だ。

ラルフ・ウォルドー・エマーソン（思想家・詩人／アメリカ）

人間としての器量や品格の高さを測る基準は人によって違うかもしれないが、古来より重視されてきたのは、その人の徳である。

では、徳はどうやって測るのか。

一番わかりやすいのは、その人がどれだけ他人に「温かい言葉」を掛けているかだろう。もちろん実践もそれに続くのだが、まずは言葉だ。人間が万物の霊長と言われるのは、言葉を持ったこと、そしてそれによって他人を深く思いやれる心を持てるようになったからだ。徳というものを持ったということだ。

新渡戸稲造も『武士道』「第五章 仁・惻隠の心」の冒頭で次のように述べている。

「愛、寛容、同情、憐憫《れんびん》は、常に最高の徳とされ、人間の心や精神が持つ性質の中において最も高いものとして認められてきた」

人として目指すべきは、まずは、自然な形で温かい言葉を掛けられるようになることである。

他人への〝愛〟が徳の土台なのだ。

047 身の振る舞いにその人の本質がにじみ出る

人が何を考えているかを最もわかるよい方法は、
彼らの行動を見ることだ。

ジョン・ロック（哲学者／イギリス）

口先の言葉にだまされてはいけない。

口のうまい人ほど大したことを考えているわけではなく、実践もできない人であるのがほとんどだ。

知識人がテレビの画面の向こう側でいつも立派なことを言い、世の中を斬っているが、それは鋭すぎるのかピンボケなのか、実践できないようなコメント、提言がほとんどだ。

その人たちのこれまでの人生や、その後の人生の行動、実践をみれば、言っていることと、本当に自分がやろうとしていることは違っているのがわかる。すべては〝営業トーク〟にすぎないのだ。ジョン・ロックが言うように、何を考えているかを知るためには、その人の行動、実践を観察するべきだ。

孔子は、行動に加えて、その行動の原因、動機を見抜き、その行動の結果に対してどのように安心、満足しているかを観察すれば、人物は必ず見抜けるという。こうして、その人の行動こそ、その人の考え、人間がよくわかるということになる。

048

互いに切磋琢磨してこそ本当の友情である

真の友情は、真実の中で、存在できる。
友情は、暗やみで何も見えないところ、
そして無知の中では存在できない。

ヘンリー・ソロー（作家・詩人・思想家／アメリカ）

友情は、簡単に手に入れられるものではない。

人生で一人の友との間に友情を築ければ、それは幸せだと思っていてよいだろう。世の中にはただ知り合いになり、面白おかしい話ばかりして、バカ騒ぎするのが友情だと勘違いしている人もいるようだ。

こうした表面上の関係は、その場限りのもので、自分の人生の向上にほとんど意味をなさない。真の友情というのは、ソローが言うように、お互いの人生を高め合うところにあるのではないか。お互いが友として付き合うことで、それぞれが刺激し合え、人間的に成長していけるところにあるのではないか。だから、それぞれが世の中のことをよく学び、知的向上をはかりつつ、刺激し合い、励まし合うような関係でいたいものだ。

もし、相手が間違っているのがわかったときは、「それはこうではないか」と疑問を呈したり、本当のことを教えてあげたりできるのも友情のよいところである。

049
アドバイスは簡潔かつ的確でなければならない

アドバイスはどんなものでも簡潔にしなさい。

ホレース（牧師／アメリカ）

他人へのアドバイスは本当に難しい。

アドバイスの仕方、内容でアドバイスする人の力量もわかるといってよい。難しいという第一の理由は、相手が感情を持った人間であるからだ。

どんな人間でも、感情を害されたら、アドバイスを聞き入れるどころか、強く反発して、結果、怒りしか残らないこともありえる。

だから、よいアドバイスをする人は、人間についての深い洞察力を持ち、相手の状況を見つつ、いつ言うべきか（時期）、どういう伝え方をするか（方法）を、的確に考え、伝達できる人ということになる。

次に、アドバイスは、簡潔でなければならない。

聞く耳を持たない人には、いくら長く言っても意味がないから当然である。

一方、向上心に溢れ、できる限りの努力をしているような人にも、今その人に何が一番必要かを「ズバリ」指摘してあげるのが最も効果がある。

つまり、簡潔でよいアドバイスのできる人は、観察力、人を見抜く力もついている人ということになろう。

050

仁と徳のあるところに人は集まってくる

孔子は言った。
徳のある人、すなわち人格のすぐれた人は、
決していつまでも孤立していないものだ。
必ずその人の徳を頼って、
その人の周りに人が集まってくるのだ。

孔子（哲学者・思想家／古代中国）

人は仁や徳に従うものだ。

徳のある人は決して孤立しない。必ず隣に理解者がいる。

だから、人がついてこないとか、人が理解してくれないと嘆くことはない――というのが一貫した孔子の教えである。弊害は、無理に理解者を求めたり、友人をつくったりすることだ。人はすぐ付き合う人に影響を受けるものだからだ。

それより勉学や精神修養に励んで人格づくりに勤しんだほうがどれだけ有意義なことか。『論語』で孔子はこう述べている。

「たとえ他人が自分のことをわかってくれないときも、気にしない。そういう君子(立派な人格者)になりたいものだ」(学而《がくじ》第一)

西洋的マネジメントを日本に紹介したドラッカーも、結局、リーダーの資質としては〝徳(人格)の高さ〟が必要と述べ、それは人によって訓練することが難しいと述べている(自ら学ぶしかない)。

なお、横浜の書店、有隣堂は、その名をこの言葉からとってある。

051
思いやりの心があれば人生は楽しくなる

一般に人は出来ることなら誰からも好かれたいと願っている。
そうであることが
人生においていかに喜ばしいかは申すまでもない。
その場合、人から好感を持たれるのに才能は要らない。
自分自身を思い遣《や》りのある性格に仕立てあげる心働きが
肝心なのである。

谷沢永一（文芸評論家／日本）

誰からも好かれることは難しいし、その必要もない。

自分に合わない人や好きになれない人（自分のことしか考えず、利を手にしようと考えてばかりの人）などは願い下げだ。

しかし、自分の人生にとって、日々を楽しく、愉快に暮らすことは大切なことだ。自分もハツラツとするし、周囲も喜ぶ。明るい雰囲気の中で、仕事も私生活も充実する。

そこで、自分にとって必要な人に好かれるための方策を考えなければいけない。人生でも、一、二を争う大事である。自分を少しだけ修正し、人を思いやる心を育てながら、こういう人になれば人も喜ぶに違いないという人物像を、自分なりに目指すことが大切なのである。

052 父母への敬意のない人間は信頼できない

父母の恩を感じない者に、
親友などできない

ソクラテス（哲学者／古代ギリシア）

ソクラテスと同じようなことを、実は孔子も『論語』でも、説いている。弟子の有子《ゆうし》の言葉であるが、「君子は本を務む。本立ちて道生ず。孝弟なるものは、其れ仁の本たるか」（君子は根本のことに努力する。何事も根本がしっかりすると、その先は、自然とうまく進むものだ。親思い、兄弟思いということが、人の最高道徳である仁の根本であろう）というものがある。

私には、すでに両親はない。しかし、その恩を20代より忘れたことはない。人を見るとき、私は親に恩を感じない人は、最後のところで信用しないことにしている。本人自身は、自分さえ信用していないのではないか。

親、先祖とのつながりから自分を大切にし、人を大切にしていくことがよい人間関係を築く。二千数百年以上にわたる人間の知恵の一つである。

053 タフであり優しくなければ生き残れない

タフでなければ生きていけない。
優しくなければ生きている資格はない。

フィリップ・マーロウ（『プレイバック』主人公／アメリカ）

レイモンド・チャンドラーは、自身が想像したキャラクター、フィリップ・マーロウに表題の台詞を言わせている（『プレイバック』）。小説の中の一つの台詞が、これほどまでに有名になり、何十年とずっと人々が口にするのは、その言葉に人生の真理あるいは目指すべき方向が記されているからだ。

「タフでなければ生きていけない」

私たちの毎日は、小さなトラブルでいっぱいだ。他人の言葉をきつく感じることは多いだろう。しかし、これはあなただけのものではない。トラブルをはね返し、あるいは流し、「だって自分は自分だ！」という強さがあって、人生はよくなっていくのだ。

そうはいっても人は一人では生きていけない。

つい、突っ張り過ぎて、人に嫌な思いをさせることがあるが、これを減らしていかなくてはいけない。そうでなければ、あなたは何もできない人、何の魅力もない人となってしまうだろう。ぐっと自分を抑え、相手のことを考え、思いやり、優しくなれなければ生きていく資格はないのだ。

054 人生を愉しむなら人を恨む時間などない

みずからを愉しむことのできない人びとは、
しばしば他人を恨む。

アイソーポス（『イソップ物語』作者／古代ギリシア）

「自ら愉しむ」ことは案外難しい。そのためには、自分の生き方を確立することと、自由な生き方を中心とした人生において正しい方向を目指し、やるべきことをやる、という態度が必要だ。

こうすれば、好きな本を読んだり、好きなものを食べたり、自然を楽しんだりするだけで愉しめる。

人を恨んでいるヒマなどない。

あとは、自分の生き方を前提として、正しい目標を立て、それに向かって進んでいくことだ。

目標もない、生き方も確立しないから、他人ばかりが気になってしまうのである。

055 自分の気持ちそのままに素直にほめる

人間の持つ性情のうちで最も強いものは、
他人に認められることを渇望する気持ちである。

ウィリアム・ジェームズ（哲学者・心理学者／アメリカ）

人間が最も渇望するものは、〝他人に認められること〟である。

だから赤ちゃんは、自分を一生懸命にあやし、認め、ほめてくれる親に対して笑う。

これが〝他人に認めてもらうこと〟の出発点であり、このことは生涯変わらない。

ただ成長につれていろいろと学び、、自分を褒めたり、お世辞に接して、そこになんらかの意図を感じることにもなってくる。

この意図を感じさせずに、赤ちゃんに接したときのように、素直な気持ちで、相手の認めてほしいところを認めれば、相手にとってこれほど幸せなことはない。人間関係もスムーズになるだろう。

褒めることも、過ぎると品性下劣となるし、足りないと人に好かれない。

誠に難しいものだが、素直に見る目さえ養っておけば問題はない。

第6章

愛する

愛は毎日育てるもの

056 年齢に関係なく恋愛は常に素晴らしい

あなたがいかに私を愛してくれているかを
どうしてわかるんでしょう?
それは、私をありのままに受け入れてくれるから、
それは、苦しんでいるとき、つらいときに私を助けてくれるから、
それは、楽しいとき、調子のよいときに一緒に笑ってくれるから、
それは、あなたの人生、あなたの夢、
あなたの悲しみ、あなたの喜び、
そして〝あなたの愛〟を、私も分かち合うから、
私にはわかるんです。

キャサリン・パルシファー(エッセイスト/カナダ)

恋愛の理想とすばらしさを素直に語ってくれる言葉だ。

特に恋の初期にはピッタリと当てはまる。これをいつまでも続け、年月に応じた工夫をしていき、永遠に愛し続けられれば、お互い最高の人生となろう。

「恋愛」とは、他人である二人が、互いに惹きつけられ、出会い、相手のよいところを見つけ合い（欠点もなぜかよいところに変わるのが不思議でよいところだ）、喜ばせ、刺激し合って成長していこうとすることである。

「分かち合う」「相手の欠点も、人生の辛さも前向きに捉えて乗り越えられる」「心豊かになれる」「心が熱くなる」がよい恋愛のキーワードと言える。

国木田独歩《くにきだどっぽ》の言葉。

「恋は多く人生の苦痛を包むオブラートなり」

ジョルジュ・サンドの言葉。

「愛せよ。人生においてよいものはそれのみである」

ゲーテは、74歳のとき、55歳も年下の19歳のウルリーケに夢中になり求婚までしている。それほど恋愛は〝人生においてよいもの〟なのである。

057 男性の野蛮な攻撃性を女性は瞬時にかき消す

男がありとあらゆる理屈を述べても、
女の一滴の涙にはかなわない。

ヴォルテール（哲学者・作家／フランス）

女性は長生きだ。特に日本の女性は世界一長生きで、そして強い。概して世界の女性は強いが、その理由の一つは、涙という武器を有しているからだと思う。女の涙は値千金の力を持つ。女は可愛い、愛嬌がある。男の身からしてみればそう思う。

だから、男は女に魅かれ、女のために戦う。

しかし、男と女がケンカするときがある。これは、もういけない。

男は、どうすることもできないだろう。

小説家の源氏鶏太《げんじけいた》は言う。

「男は理屈でモノを言いたがるが、女は感情でモノを言いたがる。ついでに書いておくと、理屈なんか感情の嵐の前ではものの数ではない」

しかし、女が魅力的なのは、リクツをぶっ飛ばしてしまう愛嬌があるからだ。

いくら涙があっても愛嬌のない女はいけない。やはり「男は度胸、女は愛嬌」だと私は思う。

058

恋なくして一体人生に何の意味があるのか

命短し　恋せよ乙女

吉井　勇（歌人・脚本家／日本）

人間に与えられた大きなごほうびの一つが恋である。

恋を、どう捉えるかは、その人の生き方そのものの問題とも言える。

人生は一度しかなく、楽しまなければいけないものだと私は思っている。

若い恋もいい。年をとってからの恋もいい。とにかく、命の炎を燃えあがらせ、自分を輝かせ続けてくれる恋をしようではないか。

かのヴェルレーヌは言う。

「恋のチャンスは、熟れている時にもがなければならない果実のようだ。一度木から落ちたら二度とチャンスはない」

イギリスの詩人テニスンはこう言った。

「恋して恋を失ったのは、まったく愛されなかったよりましだ」

恋についての名言は無数にある。それほどに人間の一大関心事ということだ。

フランス革命の指導者ミラボーでさえ、恋の本質を見抜いている。

「短い不在は恋を活気付けるが、永い不在は恋を滅ぼす」と。

059 真の恋愛とは相手への敬意に根付く

尊敬ということがなければ
真の恋愛は成立しない。

ヨハン・ゴットリープ・フィヒテ（哲学者／ドイツ）

さすがドイツの偉大なる哲学者の言葉ではないか。

『ドイツ国民に告ぐ』は、ナポレオンに敗れ、打ちひしがれているドイツ国民に、目を覚まさせ、目指すべき一つのよき方向を説いたものである。そこにはドイツ国民としての誇りと名誉がある。

真の恋愛、理想の恋愛についても、人としての誇りや価値に資するものであってほしい。フィヒテはそう考えた。

真の恋愛は相手への尊敬なしに成立しないのである。

ゲーテ、生涯恋愛をしていたといっていいこのドイツの詩人もこう述べる。

「恋人の欠点を美徳と思わないような者は、恋をしているとは言えない」

ソローは『森の生活』を著し、鳥や草など自然の中で一人で暮らしたが、かえってというべきか理想の恋愛を見る目は鋭い。

「恋は焔《ほのお》であると同時に光でなければならない」

060
愛は毎日少しずつ、手間を掛けて育てるもの

愛は、石のようにそこにじっとあるものではない。
パンのように毎日つくられるものである。
いつもつくり直し、新しいものとするのだ。

ル・グィン（作家／アメリカ）

愛とは、毎日の実践であるということを教えてくれる。

愛とはパンづくりにたとえることができるだろう。相手のよいところは見つけて育て、伸していく。パンの種を発酵させ、延ばしていくのと同じだ。こうしてできあがったパンだが、ほっておけば固くなり食べられなくなるように、愛も放置すればダメになる。

男女の愛も、親子の愛も、ペットへの愛も、草花や農作物への愛も同じで、毎日愛することが大切なのである。

毎日気を掛け、相手を見つめ、対話し、動いてあげることである。

男女の愛が続かないことが多いのは、こういうことが強く求められるからだ。愛とは、このように面倒で大変だが、愛なくして、どんなものも本物にはなりえないのである。だからこそ、心して愛していかねばならない。

061 愛とは、互いに信頼する気持ちから生まれる

愛の最高の証は、信頼である。

ジョイス・ブラザーズ（心理学者／アメリカ）

自分に対する愛が自己信頼となり、自分のよき才能を引き出していく。愛が力となることを述べたものだが、自分への愛だけでなく、他人との愛でも、信頼が重要なカギを握る。

愛はお互いが大事に思い合うところから始まる。愛が難しいのは、愛するがゆえに、必要以上に相手のことが気にかかるようになることだ。困ったことに、この気にかかる愛が、気がつかないうちに相手への疑いのようになってしまうことがあるのだ。

これではせっかくの愛もおかしくなる。もったいないことだ。

だからこそ信頼が重要となる。本物の愛は、深い信頼に他ならない。

信頼された人は、信頼してくれた人のことを裏切れるものではない。たとえ少しの過《あやま》ちがあろうとも、すぐ反省し、自分を取り戻せる（あるいはよい方向に変えられる）。信頼を基盤とする関係が長く続く。

これこそ本物の愛の証なのである。

そしてこの信頼は、男女の愛だけでなく、親子の愛、友情にも求められる。

太宰治の名作『走れメロス』は、そのことを教えてくれる。

062
愛の第一歩は相手をとても詳しく知ることだ

愛することの第一の義務は、
相手の話をよく聞いてあげることである。

パウル・ティリッヒ（神学者・哲学者／ドイツ）

愛とは、よく知ること。よく知ることとは、愛することである。

対象が人の場合は、知るためには、何よりも相手の話を聞かなくてはならない。愛の9割以上が話を聞くことで占められ、あとは、行動・実践を見ていくこと（こちらへの反応を含めて）であろう。男女の恋愛を見るとわかりやすい。

レストランなどで会話の弾んでいる男女のカップルは恋人同士で、会話が少ない、または続いていないのは夫婦だという冗談がある。

夫婦の間が冷めているのではなく、話を聞くことこそが、愛の基本であることの実例である。夫婦でも、いつまでも仲が良いのは、お互いが相手の話をよく聞く関係が続いているからだ。

特に男性は、たとえ疲れていても、女性の話を身を入れて聞いてあげるのがよい。女性は常に共感できることを求め、話を聞いてほしいものだ。

男性にしてみても、自分のくだらない（取るに足りない過去の小さな栄光などの）自慢話を喜んで聞いてくれる女性ほど、うれしい存在はないものだ。

063
歴史教育とは何よりもまず正確であるべきだ

子どもたちに自分の学んだことのみを教えてはいけない。
なぜなら、彼らは違う時代に生まれているのだ。

ユダヤ教の言い伝え

〝不易流行〟という言葉がある。物事には、変えてよい部分と変えてはならない部分があるということだ。子どもの教育などは、〝変えてはならない〟典型ではないだろうか。しつけ、倫理、道徳は、教育の根幹である。小学校入学までは、親がしっかりと教えなくてはいけない。

だが、健康、医学についての教えや社会規範の教えについては、時代が変わることで新しくなることが多く、注意を要する。

問題は歴史教育である。

これは、より正しい学問的知識がわかれば、それを基本とすべきだ。しかし、自国の歴史を歪めて捉える歴史観は、受け入れられない。私は自分の子には、日本の正しい歴史と日本人としての誇りを教え続けた。私が教わったことは、海外に行ってみて間違っているのがわかったからだ。

また、政治的、経済的思惑から、他国を一方的に批判し、歴史の真実を曲げて教え、歪んだ歴史観をベースとした教育も最低だ。そういう教育を受けた子どもは、偏った大人となり、国も、だんだんと歪んでくる。今、政治、経済、軍事で、将来の危機を迎えている国々は、歪んだ教育を国民に施してきた国々である。

064
子どもは大人の姿を常にマネるものだ

子どもは大人の話を聞くのは
とても苦手だが、
大人のマネをするのは
とても上手だ。

ジェームズ・ボールドウィン(作家/アメリカ)

人は、自分の周りの人から影響を受けつつ自分という人格を形づくっていく。

特に子どもは親の影響を直接受けて育つ。ということは親の生き方、子どもへの接し方がよければ、それが〝最高の教育〟となる。

たとえ親が死んでも、その影響は続く。

親として子どもがよい人生を送るためにやるべきことが二つある。

一つは、子どもが自分を素直に信頼できるようにしてあげること。そのためには親がたっぷりの愛情を注がなければならない。

もう一つは、親自身が話す言葉と実際の行動である。仕事への取り組み方、勉強や読書への取り組み方もこれに入る。さらには人との接し方、礼儀、態度、お金についての考え方、お金の使い方などだ。

以上の二つの点で、自らがよいと思うことを実践することに加えて、やると効果的なこと（子どもの人生と知能の向上、将来の学力向上の基礎において）は、良質なる子ども向きの本の読み聞かせである。

これは、私自身もやってみて、大きな効果があった。

尊敬できる親の姿が子どもへの最高の教育である。

065
相手への優しい思いやりこそが愛だ

物を知るには、
これを愛さねばならず、
物を愛するには、
これを知らねばならない。

西田幾多郎（哲学者／日本）

情こそ人間の根本、人間としての大切なものである。

情とは、人への思いやりであり、感情である。

この情の一つが〝愛〟である。

愛とは、人のよいところを見出して、育てていくことである。

この世のすべてのよいものは愛から生まれるという。

当然であろう。それが実業家であろうと、芸術家であろうと、学問研究者であろうと同じだ。知るということは、それぞれの分野において求められることだが、そのためには愛がなければならないのだ。

また、愛があるためには、先に述べたように、よいところを見つけ伸ばそうというのだから、相手をよく知らなければならない。

情の人、哲学者の西田幾多郎が説くところに説得力を感じるのは、やはりそれが人間の真実だからだろう。

第7章

上昇する

一人ひとりの努力が
世界を動かす

066 個人の責任ある貢献が社会を大きく動かす

組織、集団に対する個人の責任ある貢献が、
チームをうまく動かし、
会社をうまく動かし、
社会をうまく動かし、
そして文明をうまく動かしていくのだ。

ヴィンス・ロンバルディ（アメリカンフットボールコーチ／アメリカ）

人間の強みは、集団、組織の力を使えることである。

これは集団、組織の〝強み〟であり、所属する個人の〝強み（自己実現を含む）〟であるようにしなければならない。つまり、個人のわがまま、怠慢、無責任がはびこる組織、集団は、個のチームであろうと、会社であろうと国家であろうとすぐに崩壊していくだろう。

反対に、個人の責任ある貢献（一人ひとりの強みを最高に生かしていくこと）が、チームの強さ、会社の発展、国力の充実となっていくのだ。個人としても、こうしたチーム、会社、国の強化や充実に貢献することで、自らの人生目標や自己実現を果たしていくようにしたいものだ。

ドラッカーの言葉も参考となる。

「自らの強みであれ、他人の強みであれ、それぞれの強みを生かす者は、組織としての成果と一人ひとりの人間の自己実現を両立させる。自らの知識が組織の機会となるように働く。貢献に焦点を合わせることによって、自らの価値を組織としての成果に結びつけるのだ」

067
失敗こそ再挑戦のスタート地点だ

失敗して、前に進めない人には2種類ある。
考えたけれど実践しなかった人と、
実践したけど考えなかった人だ。

ローレンス・J・ピーター（教育者・著述家／カナダ）

失敗を悪いことと捉え、「失敗するなんて嫌だ」と思っている臆病な人間が多い。

ローレンス・J・ピーターによれば、〝失敗〟には2種類ある。

まず、行動しようと考えたけれど動かなかったということ。そもそも動いてないから〝失敗〟とは言えないようにも思われるが、やはりこれは〝失敗〟なのだ。こういう人は、他人の成功を見ると、「自分もわかっていて、後でやろうと思ってたんだ」という言葉を繰り返す。動くチャンスを逃し続ける失敗常習者である。

もう一つは、実践したけど失敗し、その原因や理由を振り返らなかったというものだ。失敗した理由を考えたくないのだ。しかし、これでは次につながらない。失敗は、成功するために考える機会、チャンスなのだ。

ヘンリー・フォードも失敗についてこう言う。

「失敗とは、よりよい方向で再挑戦するいい機会である」

068

世界は一人ひとりの小さな努力の集積で動く

私は、偉大で崇高な仕事をやりたいと願う。
しかし、私が主にやることは、細かな仕事を
まるで偉大で、崇高な仕事のように行うことである。
世界は、英雄たちの力強い行動で動くのではなく、
誠実に働く人たちの、ごく小さな実践の集積で動くのである。

ヘレン・ケラー（教育者・社会福祉事業家／アメリカ）

世の中を変えるような英雄になるという夢、目標、志を持つのはよいことだ。人は、自分の可能性に挑戦する生き物だ。

大切なのは、まずは目の前の小さな実践から誠実にこなしていくことだ。そうしなければ輝かしい未来はない。秀吉も、信長の〝ぞうり取り〟の仕事に真剣に打ち込むところから成功人生が始まったのだ。

〝英雄〟とは、時代が求めるものでもある。

人びとが、時代の変化の象徴として担ぎ上げるのだ。英雄は英雄で、人心の求めることをうまい具合につかんだ才人なのだ。

実際の、真実の、世の中をつくり、動かし、時代を変えていくのは、ヘレン・ケラーが述べるように、一人ひとりに対し誠実な仕事をする人たちの努力の集積である。このことを一番わかりやすく証明しているのが日本の歴史であろう。

特に戦後の日本は、敗戦の痛手や廃墟の中から甦り、世界経済を常にリードする国の一つであり続けている。世界の中でも、最も誠実で努力を重ねるビジネスパーソンたちが存在し、復興を後押ししたからだ。

無名で誠実な人々が細やかな仕事を重ねていった結果である。

069
本は人類が手に入れた何よりも偉大な財産

本は文明の運び人である。
本がなければ、
歴史は何も語れず、
文学は沈黙し、
科学は無能となり、
思想と思索は立ち止まったままとなる。

バーバラ・タックマン（歴史家・作家／アメリカ）

中国の文明は、少なくとも5000年前から始まる。また、ヨーロッパ人は、自分たちが豊かなギリシャ、ローマの歴史・文明を起源とすることを誇りとする。では、日本はどうか。

もちろん古くから文明も歴史もあった。ただ文字がなかった。だから本もできなかった。本当に残念である。しかし、漢字を借用し、後に〝かな〟を発明し、本をつくることで、日本人の文化、文明が世界でも有数の歴史を持つようになった。

武士道精神などの日本文化は世界に誇れるほどだ。そして明治維新、その後の発展は、本を読むのが大好きで、本を大切にしてきた日本人だったから生み出せた奇跡である。いかに本が、その国の活力や発展にとって必要なのかがよくわかる。そして、それは国民一人ひとりの幸福につながり、国民全体の役に立ち、成功の力となるから、その集積が国力となることも忘れてはならない。

本はまさにあらゆる〝力〟の源なのである。

070 耳を傾ければ相手の心は徐々に開いていく

話の聞き方を身に付ければ、
あなたは話の苦手な人からも、
ためになる話を聞き出せるだろう。

プルタルコス（作家／古代ギリシア）

人は基本的に、話すのが好きだ。そして聞くのは苦手だ。かといって話すのが苦手な人が人の話を聞くのが好き、あるいはうまいというわけでもない。かつて、評論家の扇谷正造は、自己啓発で最も有効な手段は、「読書と人の話を聞くことの二つである」と言った。

これには二つの意味がある。一つは、読書によって、情報収集ができ、自分にない他人の考えがわかることだ。もう一つは、話をうまく聞くことによって、相手の〝自己重要感〟が満たされるということ。

では、よい話の聞き方とはどういうものか。次の五つのルールを参照してほしい。

1　相手の目を見つめ、ゆっくりとわかりやすく質問する
2　相手がしゃべり出したら、ひたすら聞き役にまわる
3　よい具合に相づちを打つ
4　体全体で聞く。つまり何か他のことをしながらとか考えたりしながら聞かない
5　時に笑い、時に感動しながら真剣に聞く

確かにこれらが実践できるようになれば、相当〝自己啓発〟できるようになるだろう。少しずつでもいいから努力していきたいものだ。

071

勉強と仕事で人の格に差がつくものである

勉強は人のため幸福を生む母のごとし。
天は万物を人ならずして、
働きに与うるものなり。

早矢仕有的《はやしゆうてき》（丸善創業者／日本）

右の言葉は、日本で最初の株式会社である丸善が、高々に宣言した創業理念である。この文章を読んで福沢諭吉の『学問のすゝめ』を思い出した方も多いに違いない。有名な、「天は人の上に人を造らず。人の下に人を造らず」は続きがあり、次の文章で終わる。

「ことわざに『天は人に生まれながらに地位や富を与えることなく、その働きに応じて与えるものだ』というのがある。

このように、人は生まれながらにして、貴賤や貧富の差はない。ただ学問に身を入れて物事をよく知る者は偉く裕福になり、学がない者は貧しく地位も低い者となるのです」

これは早矢仕有的《はやしゆうてき》の考えとほとんど同じだ。早矢仕は福沢に師事しており、この文章も二人どちらの起草かわからないとされる。同じく福沢がよく口にした〝士魂洋才〟は早矢仕の創案によるものという説も強い

かつて日本橋の丸善で洋書を買い、その後屋上に出て食べたハヤシライス（早矢仕ライス）で西洋に近づいて知的な気分になったことを思い出す。

072

歴史を学ばない者は現在に盲目に等しい

大袈裟かもしれないが、
歴史を学ばないということは、
その世界や組織の衰退につながると思う。

落合博満（プロ野球選手・監督／日本）

ドイツの政治家ビスマルクは「愚者は経験に学び、賢者は歴史に学ぶ」との名言を口にした。アメリカの政治家フランクリンは、「愚者は経験にも学ばない」とビスマルクよりも愚者に厳しい。

落合博満は、三度の三冠王などプロ野球選手として多くの金字塔を打ち立てたが、監督としてもその才能あるところを発揮した。

言葉数は少なくとも、その姿が選手たちのことを第一に考えていることがわかったのである。この落合氏や、ビスマルク、フランクリンの言葉が示唆するところは重要である。彼らの考えはどんな組織、社会にも当てはまる。

なぜなら人間は過去にしか学ぶものはなく、過去の歴史にこそ私たちの〝財産〟が隠されているのである。

こうした意味からも、日本人が歴史好きであるということが、日本経済が世界のトップグループに入り続ける理由の一つである。

073 机上の理論は日々変わる現実にはかなわない

世間は生きている。
リクツは死んでいる。

勝 海舟（幕臣／日本）

勝海舟ほど評価の分かれる人物はいない。

福沢諭吉は『福翁《ふくおう》自伝』や『瘠我慢《やせがまん》の説』で勝に触れている。福沢の描いた人物像により、勝が小人物だと信じている人も多い。

しかし、評論家の山本七平は、同時代の世界を見渡しても、勝ほどの人物はいないと高い評価をしている。

また、日本の官僚制度、警察制度を整備した恐いものなしの大久保利通は、勝を怒らせると旗本をまとめて第二の維新をやりかねないと一目置いていたという。

勝のことをわかるのは、西郷隆盛しかいないと大久保は思っていた節がある。「英雄は英雄を知る」というところか。

勝は言う。

「天下は大活物だ。区々たる没学問や、小知識では、とても治めて行くことはできない」（氷川清話）

勝の評価は分かれるところだが、器が大きかった人だったことは確かなようだ。

074
先人の後ろ姿を追いかけ、学び、たどり着く

もし、私が人より遠くを見ているとしたら、
それは、先人の肩の上に立っているからだ。

アイザック・ニュートン（科学者・哲学者／イギリス）

一流になるコツは、偉大なる先人たちの真似をし、そこから自分にふさわしいものを見つけることである。このときに注意すべきは、どの分野の一流人の真似をするにおいても、マナーと尊敬を忘れてはいけないということだ。

すべて自分のオリジナルだったなどと言おうものなら、そこでその人も、その組織も（国家でさえも）おしまいだと自覚しておかなければならない。

一流こそ徳が求められるのだ。

では、一流というレベルを凌駕している偉人たちはどうだったのか。ニュートンがその例に当てはまる一人だろう。ニュートンは「万有引力」の発見という偉大な足跡を歴史に残したが、決して奢ることはなかった

ニュートンの言葉はひたすら謙虚だ。〝先人が求めたものを追っただけだ〟と言うのみである。

謙遜しているのかもしれないが、ニュートンは先達を追い続けたから、〝万有引力〟を発見したのだ。では、私たちも、そのニュートンを先達に加え、彼らの後姿を追っていくようにするべきである。

075
進化し続けなければ必ず滅びていく

すべての世の中のことは、
進歩しない時、必ず退歩する。

エドワード・ギボン（歴史家／イギリス）

ギボンは、ローマ帝国の研究をしてわかったことがあるという。人は進化し続けない限り、必ず衰退するということだ。そこには、停滞や立ち止まりはない。人は成功し繁栄を手にすると、退廃に走りやすい。社会全体がそうなると、その国家、文明自体が衰退していく。これは個人もまったく同じだ。

だからこそ、よほどの克己《こっき》の人でないと成功をし続けることは難しくなるということだ。これに対する知恵はあるのだろうか。

国家、社会レベルでは、日本が一つの例であろう。一切の権力を持たない象徴として天皇をいただきながら、新しい時代の新しい問題に取り組んでいく。

個人においてはどうか。

例を挙げるのはとても難しいが、渋沢栄一のように『論語』を常にそばにおいて自分を戒めるようなことが大切なのだろう。

成長を諦めた時、慢心が生まれるのである。

076
人は与えられた役割を愚直に全うしていく

私は、この世を、めいめいが
何か一役ずつ演じなければならない
舞台だと思っている。

ウィリアム・シェイクスピア（劇作家・詩人／イギリス）

イギリスの作家であり医者であるサミュエル・スマイルズの『自助論』の第一章で、スマイルズは、シェイクスピアの多才な才能に触れ、それが小さいころからの貧困によるものだと述べている。シェイクスピアと同じく孔子や福沢諭吉も貧乏だった。それがゆえに何でもできるようになったことをそれぞれが述懐している。

シェイクスピアにおいていえば、貧困の時期を耐えたことは超一流の劇作家として活躍するために必要なプロセスだったように思う。

孔子、福沢諭吉も教育指導者として、貧しかった時の経験を生かしている。

人は、このようにしてその人に合った役柄を与えられる。

この世を舞台と捉え、必ず一人ひとりにふさわしい役があるというシェイクスピアの言葉は、人はそれぞれに向いた才能を有していることを教えてくれる。あとは、それを見つけ、伸ばしていくのである。人の力を借りることも多いし、師に引き出されることもあるが、まず自らが、自分のやるべきことを探すことであろう。

第8章

極める

すべては
「人」が決め手になる

077

質素な生活の中に人生の真実が隠されている

あなたの生活をシンプルにしていくと、
宇宙の法則もシンプルなものとなる。
孤独は孤独でなくなり、
貧しさは貧しさでなくなり、
弱さは弱さでなくなる。

ヘンリー・ソロー（作家・詩人・思想家／アメリカ）

社会の文明の度合いが高まり、複雑化、高度化するにつれ、人間の生き方として、もっとシンプルに、もっと自然とともに生きていけないかという人も出てきた。

その先駆者の一人が19世紀の作家ソローであり、著書『森の生活』は、アメリカの古典であるとともに、今も世界中の自然愛好者やシンプルライフ志向の人びとに支持されている。

19世紀に出版された本だが、日本でも何度も出版されている。今も、根強いファンがいる。

派手で華やかな生活を好む人もいれば、ソローの提案するようなシンプルライフを好む人もいる。人の生き方は、それぞれであって、自分に合った、自分にふさわしい生き方を見つければよいのであろう。中には、人生の途中で、華やかな生活に疲れて、自然溢れる地でシンプルに生きて、自分を見つめ直す人もいる。特に日本人は、もともとシンプルで自然とともに生きてきた。そういう人もこれから増えてくるかもしれない。

078 自分の周りをまず幸せにする人の価値

名ばかりの成功者になるよりも、
真に価値ある人間になれるように努力しよう。

アルバート・アインシュタイン（物理学者／ドイツ）

世の中の仕組みは、決して完璧ではない。

完璧でないことは、正しく生きるものが成功できず、名ばかりの成功者を生み出してしまうことからもわかる。危惧すべきことは、名ばかりの成功者に憧れてしまい、それを求めていかないようにすることである。

求められるべきは、真に価値ある人間なのである。

真の価値がある人間とは、自分の周りの人たちや世の中の人びとの幸せや喜びの実現のために働き、有意義な人生を送っている人のことだ。

その世界で大いに認められても自分の国をおとしめ、名誉と誇りを失わしめる言論をし、他国の権力者たちの歴史をほめたたえる人間のようになってはいけないだろう。

また、若くして時流に乗って、その業界で成功し、マスコミにちやほやされて、舞い上がり、偉そうにする経営者になってもいけないだろう。

真に価値ある人間こそ、私たちの社会の宝ではないか。

079 どんな大きな組織もまずは人が大事になる

人が集まることが始まりであり、
人が一緒にいることで進歩があり、
人が一緒に働くことで成功をもたらしてくれる。

ヘンリー・フォード（フォード・モーター創業者／アメリカ）

企業は人なりである。もちろん国家もそうだ。

フォードは、企業が成功するためには人がすべてであることを常に説いた。

まずは、人が集まらなければならない。集った人もできるだけ人生に向上心を持ち、この仕事に意識がある人たちがいいだろう。

次は、集まった人を組織化し、よきリーダーを選ぶことだ。

リーダーの下に、全スタッフが自分の役割をそれぞれに果たし、同じ目的に向かって共に働くことが求められる。それぞれの幸福の追求が企業の発展につながるのが理想だ。

イギリスのメージャー元首相も、フォードの言葉に触発されたようなことを述べている。

「まず仲間をつくること。次にその団結を固めること。そして一人ひとりがどの役割を担い、どう実行するかを理解すること。あとはいい仕事ができるよう前進あるのみである」

080

無知と知の境界線を引くことが教育だ

教育とは、
あなたがいかにたくさん記憶するとか、
また、いかに多く知るかということではない。
それは、あなたが知っていること、
知らないことをきちんとわかるようにすることである。

アナトール・フランス（作家／フランス）

人は独学でもいろいろなことを身に付けることができる。実際に独学で学び、身を起こし、偉人になった人も数多い。

独学から成功して偉人にまでなった人の特徴は、強烈な意志の強さと、自己反省力や自己観察力、そして歴史から新しい動きまで常に自分に取り入れていこうという向上心を持っているところにある。ただ知識を詰め込むだけでは大した意味はなさないのだ。実は、ここに真の教育の目的がある。真の教育というのは、その人が今どこにいて、何を知っていて、これから何を学んでいかなくてはならないかという姿勢をきちんと教え、指導することにある。孔子も弟子の子路に次のように指導する。

「知っていることを知っているとし、知らないことを知らないこととする。これが知るということだよ」

人は、つい今までの狭く限られた知識、知恵だけで「知っている」と思い込みやすいことにも十分注意しなければならない。

081 他人を教えることで自分も同時に学ぶ

教えることは、
2倍学ぶことである。

ジェセフ・ジュベール（思想家・哲学者／フランス）

人に教えることは本当に難しい。しかし、教えるということは、教える方も学ぶことでもある。時には自分が変わるほどに学ぶこともある。

では、なぜ教えるのが難しいのか。

一つは、自分の理解が不十分で、力が足りないことによる。自分勝手に思い込んでいることもある。人に教えるにあたって、「なぜそうなのか」を初めて考えることも多いだろう。そのとき自分がどうしてこう考えているのかもよくわかる。

もう一つは、教える相手がそれぞれに個性があって、才能の有無もそれぞれ違うからだ。吉田松陰が最高の先生、指導者と言われるのが、人それぞれの才能を見出し、それに応じた教え方をしたからだ。

松陰は、最初に入れられた野山獄で、囚人たちに持ち回りの講義をしてもらい、それを講評したのが、名著といわれる『講孟箚記《こうもうさつき》』である。松陰わずか二〇歳のときだ。

これは、私の推測だが、松陰は、日本の将来をどうしていくかと教えていく中で(それを弟子たちが実践していく中で)、自分も動かなければならないと学び、自分自身を変え、来航中のロシア軍艦に乗り込もうとしたのではないか。

まさに「我以外皆師」である。

082
質問力と対話力が人を進化させる

優れた質問は知恵の半分といえる。

フランシス・ベーコン（神学者・哲学者・政治家／イギリス）

「なぜか」という問いを繰り返して、人は進歩してきた。

ベーコンの影響を受けてか、イギリスは、この「なぜか」を伝統的に大切にし、思想的発展を遂げてきた。

国民にこの「なぜか」の質問が自由に認められないとき、その国の未来は厳しく、国民も幸せになれないだろう。

「なぜか」という質問が出てくる問題意識の根幹は、「人が幸せになっていくにはどうしたらいいのか」「世の中がよくなっていくにはどうしたらいいのか」「私はいかに学べば、正しい成長ができるのか」など〝成長〟を目指しているからだ。

また、優れた質問ができる人（対話力が優れている人）は、一見正しそうに見える人のウソや、よい言葉ばかり口にするが行動・実践がおかしい人の〝真の姿〟を見抜くことができる。

なぜなら、先に述べた根幹の問題意識に優れているために、判断がブレずに見抜くことができるからだ。

まさに問いかけは、幸福追求の第一歩なのである。

083 誠実さと正直さがビジネスの2つの柱

正直は最良の政策。

ドン・キホーテ（『ドン・キホーテ』の主人公／スペイン）

２０２０年代、繁栄している国といえば、ＥＵではドイツ、アジアでは日本と中国、あとはアメリカであろう。

新渡戸稲造の『武士道』は、日本やドイツが、まだ商業道徳の不十分な時代に書かれた。

新渡戸は言う。

「アングロサクソンの商業道徳の高さに、私は心からの敬意を抱いている」

その根拠は「正直は最高の策」とある。

武士道は金儲けを否定したかもしれないが、その精神たる、誠や正直という徳は、実は、アメリカやドイツのプラグマティズムと並ぶ、世界にも少ない「資本主義精神を生み出すもの」につながるのである。

誠と正直のないところにビジネスの成功も国家経済の繁栄もない。日本には世界で成功する素養は備わっていたのだ。

084 大局と細部の両方を見る複眼を持つ人は本物だ

神は細部に宿る。

アビ・ヴァールブルグ（美術史家／ドイツ）

「木を見て森を見ず」という。

大局観のない人、目の前の小さなことにこだわり過ぎる人への注意だ。

一方、大局観だ、先見性だというけれど、そればかり気にしているようでは足元が見えず、何もわからない。

要は、大きく見て、小さなことをおろそかにせずバランスよく見ることであろう。

ただ、本物中の本物を見るときに気をつけたいことがある。

それは、すべてに配慮がなされているため、わずかなことさえ決しておろそかにしないことだ。その細部にこそ人生の真実や宇宙の真理が示されていて、そこから全体を見て、再び、なるほどと大きく納得する。

われわれは、ここを目指さなければならない。

「神は細部に宿る」。これがわかる人は、本物がわかる人だ。

085 約束と利益の保証が人を引き付ける

信用とは人に好かれること、
約束を守ること、
人を儲けさせること。

本田宗一郎（ホンダ創業者／日本）

〝信用〟が、人間社会、人間関係の基本である。

この信用が多い社会こそが、我々が目指すべき社会なのだ。信用があれば人は安心して生きていられる。他人とビジネスをすることができる。他人と信じ合えることで、人生は豊かなものとなる。

では、信用とはそもそも何か。

孔子以来、信用について説明が繰り返されてきたが、今の時代に一番わかりやすい説明は、本田宗一郎の右の言葉に尽くされているのではないだろうか。

こういうことが信用なのだという本田の本質的直観は、現実のビジネス、生活で得てきた知恵なのである。

彼の言うことを実践すれば、生涯あなたは信用ある人として世の中で重きを置かれること間違いないだろう。

086 外見を整えると中身も整ってくる

人は一般的に、
内容よりも外見で判断する。
内面も判断できる洞察力を持つ者は
まれである。

ニッコロ・マキャベリ（思想家／イタリア）

人の中身を見抜くことは大変である。

マキャベリが説くように、人は大抵見た目でまず判断する。そしてその見た目に影響を受ける。ということは、それほど見た目は大切ということだ。見た目で下された判断をくつがえすのは大変なことである。

だから見た目も重視しなければならない。

『論語』で「中身こそ大事」という衛の大夫棘《きょく》子《し》成《せい》に対して子貢が次のように言っている。「外面的な文（見た目のかたち、礼、教養）と内面的な質（その人の実質の力）は別のものではなく、外面は実質と一体であり、実質も外面と一体です。虎や豹の毛を取り去ったなめし皮は、犬や羊の毛を取り去ったなめし皮と同じようなもので区別がつかないのと同じことなのです」と。

案外、人は外見をそれなりにしていくと、内面も外見に従うように努力するものだ。だから、その意味でも外見を重視することは自らを伸ばしていくことにもなるだろう。

087 ビジネスでは傍観者でなく当事者意識を持つ

**傍観者はダメである。
どんな仕事でも、
当事者になることが肝心である。**

藤田　田（日本マクドナルド、日本トイザらス創業者／日本）

当事者意識とは、すべて自分の問題としてとらえられることである。

この当事者意識を持てる人かどうかが、〝世の中で役に立つ人〟かどうかを分ける。

当事者意識を持てない人がいる。いわゆる傍観者だ。

これは楽だ。しかし、生きている意味があまりない。すべての人の頑張りや行動による結果のおこぼれで生きていこうという、さもしい心情の人なのだ。

同じように失敗について、歴史家のトーマス・カーライルは次のように言う。

「失敗の最たるものは、何一つそれを自覚しないことである」

本当に自覚のない人と、意識的だが自覚のないように自分から距離をとる人がいる。実にもったいない人生である。

人生は自分のものである。そこに傍観者でいることは、大きな損失にほかならない。

088 人は新しい自分を発見し常に変わっていく

生きる、ということは
徐々に生まれることである。

サン・テグジュペリ（作家／フランス）

人は変わるものだ。

一方で、人は、生まれてから3歳、あるいは5歳でほぼ性格、資質が決まるという説も根強い。確かに、遺伝に加え、幼いころに形づくられた性質は、そう簡単に変えられるものではない。

しかし、人には、大きな〝武器〟が与えられた。

言葉である。言葉は〝第二の遺伝子〟である。

言葉を持ち、使うことで、人はどんどん変わり続けることができる。

人が変わらない存在であるならば、猿の延長のようなものだし、そもそも人類は氷河期をも乗り越えられなかったのではないか。

生きるということは、自分の新しい発見をしつつ、どんどん変わり、進歩していくことだ。新しい自分を〝生み〟、向上していくことで幸福を手にできるのである。

第9章

働く

人生の宝は、
日々の仕事の中に隠されている

089 人生の成功はたった一人の同意者が決める

〈成功について〉
しばしば、大いに、笑い、
知的で聡明な人たちの尊敬と
子どもたちからの愛を得ることができ、
誠実な批評家によい評価を受け、
にせものの友人の裏切りに耐え、
美しいものがわかり、他人のよいところが見られるようになり、
子どもの健康、庭の手入れ、
社会の改善などに少しでもよいから加わり、
一人でもよいから、
あなたが生きてくれていてよかったと思ってくれること。
これが私の考える成功というものである。

ラルフ・ワルド・エマーソン（思想家・詩人／アメリカ）

私たちは、よく「成功」という言葉を使うが、その意味について深く考えていない。

大抵は、「自分の目標を達成し、大いに評価されること」あるいは「お金持ちになる」「高い社会的地位を手に入れる」ことを、成功と考えている。

いわゆる、成功法則についてのおびただしい本も、以上のような意味を前提にして書かれている。

しかし、果たして、それが本当に私たち一人ひとりの「成功」と言えるのか。

よく考えてみると、人生は人それぞれに、どう生きたいか、何を求めるかが違っている。

私は、こういうふうに生きたい、そしてそう生きている、というエマーソン的成功が、真の成功ではないのか。それは一考に値する。

自分自身の正しい生き方とは何か、何をしたいのか、どういう自分となりたいのか、一度箇条書きにしてみることは、自分の人生において成功を手にするためにもとても有意義だと思う。

090
すべての仕事はまず自分が楽しむべきだ

仕事の喜びを知る秘訣は、
たった一つの言葉で言い表すことができる。
それは、
「よい仕事をするためには、
それを〝楽しんで〟やることだと
知ることである」
ということだ。

パール・バック（作家／アメリカ）

そもそも〝仕事〟というものは、人間が生きていくために求められる仲間内での役割分担であったに違いない。その役割分担は義務であったが、仕事の成果がよく出ることで人が喜んでくれるのを見ると、とてもうれしく思えるようになった。

そうしているうちに、人は仕事を知れば知るほど、できればできるほどに好きになり、ますます励んでいこうとする。こうなると、次には、仕事こそ生きがいであり、人生の楽しみであるという境地にたどり着く人間も多くでてくる。

楽しみながら仕事をすることで最高の成果を生み、それが人生の最高の価値となるという善の循環ができあがる。

ノーベル賞を受賞した江崎玲於奈《れおな》博士は、「学問を知っている人は、学問を愛する人に及ばない。学問を愛する人は、学問を楽しむ人には及ばない」と述べている。

これは、次の孔子の言葉をもじったものだろう。

「子曰く、これを知る者は、これを好むものには及ばない。これを好む者は、これを楽しむ者に及ばない」（雍也《ようや》第六）

学問だけでなく、すべての仕事において楽しむことが一番である。

091

仕事には結果と貢献がなければ意味がない

忙しくしているからといって、
本当に仕事しているとはいえない。
すべての仕事の目的が実施され、
あるいは達成されるには、
忙しく汗をかくのと同じくらいに、
将来の見通し、システム、プランニング、情報、
正しい目的が必要なのだ。
ただ仕事しているように見えるだけでは、
何もしていないのと変わりないのである。

トーマス・エジソン（発明家／アメリカ）

エジソンの有名な言葉「天才とは1パーセントの才能と99パーセントの汗でつくられる」から、ただ汗をかけばよいと誤解する人も多い。

そういう人は、ここでのエジソンの言葉をかみしめたいものである。汗をかいて忙しくしている人でも仕事ができない人は多い。仕事のできない人にも2種類いる。

まず、見た目にもやる気がなく、サボることばかり考えている人間である。これはもう論外の〝できない人〟である。

もう一つは、ここでエジソンが注意しているように、見た目には忙しく動いているが、実は、その仕事の内容をよく問うと、ほとんど意味のないことをしている人である。こういう人はけっこう多いのだが、こうした仕事に自己満足してしまっているからやっかいな面がある。

仕事は何のためにするのか。

それは、会社、組織の目指す目的、目標を達成していくことである。その成果を出さなければ、仕事をする意味がない。人の成長も、こうした成果を出す仕事を遂行することで初めて可能となるのだ。

092 毎日の仕事の中に大きな宝が隠されている

自分が立っているところを深く掘れ。そこからきっと泉が湧き出る。

高山樗牛《ちょぎゅう》(思想家/日本)

エジソンは言う。

「私たちが大きなチャンスを見逃しているのは、ほとんどそれが日々の仕事の中に隠されているからだ」

今、自分が就いている仕事は、不本意なものかもしれない。自分の夢や目標は大きく、もっと別の仕事や環境でないと実現できない、と思っているかもしれない。

しかし、チャンスや次へのステップというのは、実は今やっている仕事に真剣に打ち込んでいることから見つかるというのがほとんどだと知るべきだ。

三洋電機を創業した井植歳男は、資金もない、体も弱い、人もいないという義兄(姉の夫)松下幸之助の下で、商品の製造や販売に打ち込み、会社(現パナソニック)を支えた。そしてのちにその分野で創業できた。

稲盛和夫は、就職活動で応募したすべての会社に断られ、最後に小さなセラミック会社が拾ってくれた。そこで毎日セラミックと格闘し、その事業がのちの京セラの事業の核となっていった。稲盛は言う。

「三六五日、日々、仕事を工夫せよ」

自分の立っている場所に成功はすでに埋っているのだ。

093 チームのために自分は何ができるかを考える

チームメートがあなたのために
何をしてくれるかではなくて、
あなたがチームメートのために
何ができるかである。

マジック・ジョンソン（プロバスケットボール選手／アメリカ）

チーム、組織が強くなるためには、そして成果を出していくためには、個々のメンバーが、チームのために、今自分は、何をすべきなのかを考えて動かなければならない。

これはスポーツにおけるチームプレーを見るとよくわかる。

エースと呼ばれる中心選手は、エースだからといって自分の好きなようにプレーしてよいわけではない。

スタンドプレーに走り、自分が目立つために動く者が、仮にエースと呼ばれているなら、そのチームは弱い。

ここはエースであるお前に決めてほしいとチームの他のメンバーが願い、自分もここは自分で決めるのがベストだと判断したときに、決められるのがエースというものだ。

スポーツを例に取ったが、このチーム・組織とメンバーの関係は、どの分野にも当てはまることだろう。

アメリカの35代大統領であるケネディは、国家と国民の関係にも、これを求めた。独立自尊した国民が多くいる国が、強い国となるからだ。

094

心を込めた仕事は必ず大きな成果につながる

全身全霊、心を込めて仕事をしなさい。
そうすればあなたは必ず成功する。
なぜなら、
そういう人はほとんどいないからである。

エルバート・ハバード（著述家・哲学者／アメリカ）

心を込めて、それも全身全霊で働く人には、誰も敵わなくなる。

例えば、男が女を口説くとき、成功するかどうかはほとんど男の心からの誠意があるかどうかにかかっている。

どこまで彼女のことを思っているのか。これからの人生、彼女をどれだけ大切にし、自分と共に人生の喜びを分かち合うかを考えているか、ではないか。

見た目のよさや学歴、財産も強力なライバル的要素だが、それは、必ず乗り越えていけるものだ。それよりもあなたの心がどれだけ真剣かが大事なのだ。それで心が動かない相手がいれば、選んだあなたに見る目がないだけだ。

仕事もまったく同じである。口先だけでなく、心を込めて仕事ができる人は本当に少ないのだ。

だから、全身全霊、心を込めて仕事をする人は、必ずその人生で大きな成果を出すようになる。これは、絶対に保証できることだ、とエルバート・ハバードは力説するのである。

095 不満足は現状を変えるために工夫を生む

満足した豚であるよりも
不満足な人間のほうがよく、
満足した愚か者よりも
不満足なソクラテスがよい。

ジョン・スチュワート・ミル（哲学者・経済学者／イギリス）

ミルのこの有名な言葉から、私は、『論語』の中で孔子がまるで「最低！」とののしっているような人間のタイプを連想してしまう。

孔子は次のように言う。

「ただ腹いっぱい食べることだけして、頭を使わず、何も考えることもしないような者は、どうしようもない人間と言うしかない。賭け事をして遊ぶというのがあるが、こうやって遊ぶほうが何も考えないという人間よりましだろう」（陽貨第十七）

ただ、孔子の言葉は、現代の日本において少し変えなくてはいけないだろう。生活保護を受けつつ、朝からパチンコ屋に並び、一日中パチンコをして暮らす者もいるという。

万が一、これが本当に〝日本人〟であれば、神話時代から仕事をすることを尊び、喜びを感じてきたよき伝統を壊すものである。

日本人は、たとえ〝不満足なソクラテス〟であろうが、仕事に対しては、前向きに捉え、何かしらやろう、工夫していこうという生き方をする。

そういうソクラテス型人間こそ、社会の財産である。

096 右脳と左脳をフルに活用してイノベーションを

イノベーションに成功する者は、
右脳と左脳の両方を使う。
数字も調べるとともに人も見る。
機会を捉えるにはいかなるイノベーションが
必要かを分析をもって知る。
しかる後に、
外に出て、顧客や利用者を見て、
彼らの期待、価値、
ニーズを知覚をもって知る。

ピーター・ドラッカー（経営学者／オーストリア）

この社会で存在するものは、すべて社会に貢献するものでなければ存続できない。これは組織も、個人もそうあるべきだし、そうでないと成功しないというのがドラッカーの考え方だ。

この考えは私たち日本人に素直に受け入れられるものだった。

イノベーションとは革新のことだ。

ドラッカーは企業の革新についてを述べる。この革新があってこそ企業は発展し、ひいては社会、経済が活力を生み出すことができる。

この革新、つまりイノベーションが目指すのは、顧客の創造だ。常にお客様が何を求めているかを見出し、創り出さなければならない。トップやリーダーは衆知を集めて決断を下す。

そのために右脳と左脳を駆使する。見た目の感覚の鋭さ、そして分析、計算だ。

そうして企業は発展していくのである。

097

思考を書き留めるメモは思索の最強の武器

自分におこった貴重な省察《せいさつ》は、
できるだけ早く書き留めておくべきである。
これは当然な心がけである。
われわれは自分の体験でさえ時に忘れてしまうのであるから、
まして自分が思索したことは、
どれだけ忘れるかわからない。
それに思想というのは
われわれの望みどおりのときにやってくるものではなく、
気まぐれのときに去来するものであろう。

アルトゥル・ショウペンハウエル（哲学者／ドイツ）

物を考えたり、創り出したりする人はもちろんのこと、日常生活でも決して忘れないようにするために、メモや書き留めなどをする人は多いだろう。

エジソンは、「メモこそ恩人だ」と言ったが、発明家の彼にとって当然の言葉である。

メモや書き留めをどうするかは案外難しい。

まず自分にふさわしい道具類をいくつか用意しなくてはならない。小さなポストイットか、大きなそれか、手帳か、ノートか。

〝省察《せいさつ》〟は自分の思考についてのメモ。こういうのは、小さなメモやカードにいったん書いておいて、それをながめておいてある程度たまってからノートにするほうがよい。

では、いつやるか。それは、できるだけ早くやるほうがよい。そのうちにと考えていると、1週間も過ぎると、必ず忘れる。すべて台無しになることも多い。メモなどが所在不明になるばかりか、そういうメモをしたことすら忘れるからである。

すばらしい思索は忘却の彼方に追いやられては、意味がないのである。

098 書物からの書き抜きが思索をレベルアップする

書を読む者は其の精力の半ばを筆記に費やすべし。

吉田松陰（思想家／日本）

ドイツの哲学者であるショウペンハウエルの、自分のアイデアや省察《せいさつ》については、できるだけ早くに書き留めておくのだということの説は紹介した。

ところが、ショウペンハウエルは書物については逆の立場をとる。書き留めないほうがよく、書き抜き帳も作らないほうがよい、と言う。「何かを書き留めるということは、それを忘却にゆだねるということだ」と説く。

だが、書物についても吉田松陰が教え、自ら実践してきたように、ここぞというところこそ、きちんと書き抜くのがよいだろう。

その理由としては、本の中から、学ぶべきところ覚えておきたいところ、何度も読みたいところを書き抜くのは、一つは著者と一体となって考えられること、二つめは自分の考え方や思いを練るための大きな武器になるからである。

何よりも、書き抜き法を続けた吉田松陰を始めとする偉人たちの活躍を見ると、やはり、その成果が絶大なのがわかるのである。

099 人生は実行して切り開かなければならない

人生は実行であり現実である。
百の各論卓説より、一の凡策である。
順境にして悲観し、逆境にて楽観する。

出光佐三（出光興産創業者／日本）

人生は実行であり続けることを、出光佐三の生涯は見事に示した。

2013年の本屋大賞を受賞した百田尚樹の『海賊とよばれた男』は、その出光佐三の伝記である。

出光自身は、実行の人であるから本は読まなかったかもしれないが、百田の本を読めばわかるように、その周りには出光を信奉する多くの者たちがありとあらゆる情報を持ってくる。それをもって、見事に、敵（邪魔しようとする日本の官僚、石油メジャーや日本の協力者たち）の妨害を見抜いてすぐ手を打つのだ。

その先はどこを見つめていたのか。

フランスの作家であるアンドレ・マルローの質問に出光はこう答えている。

「ヨーロッパは物を中心とした世界ですが、日本は人を中心とした世界です」

「私は、人間も信頼するという考え方を広めていくことこそ、日本の世界的使命と言っています」

彼のような人物が敗戦後の日本に現われたことは僥倖《ぎょうこう》といえよう。

100
やることとやらないことの境界を定める

何をやるのかを決めるのは簡単。
何をやらないのかを決めるのが大事。

マイケル・デル（デル創業者／アメリカ）

やるべきことを決めたとしよう。

あとは、このやるべきことをして、ひたすら前へ進めばよさそうなものだが、そう簡単にはいかない。

人には次から次へと新しい〝用事〟ができてくるものだ。

昔から、そしてこれからも、今これをやるべきだという提案が出されてくる。

昔からよさそうなことだと思ってやり続けていることも多い。

あれやこれやで、結局、本当にやるべきことに費やす時間というのは少ないのだ。

だからデルは、何をやらないかを決めるのが大事だと言うのだ。

そのためにも、自分の目標をしっかりと立て日々確認していく中で、これは本当に必要なことだったのか、これから必要なのかを厳しく精査していかなければならない。

強い意思と強い目標達成への願望があってこそ、「何かをしない」という決断はできるのだ。

プロフィール
遠越 段（とおごし・だん）
東京生まれ。早稲田大学法学部卒業後、大手電器メーカー海外事業部に勤務。
１万冊を超える読書によって培われた膨大な知識をもとに、独自の研究を重ね、難解とされる古典を現代の漫画を介し読み解いていく手法を確立。
著書に『スラムダンク武士道』『スラムダンク論語』『スラムダンク孫子』『スラムダンク葉隠』『ザッケローニの言葉』『ワンピースの言葉』『ゾロの言葉』『ウソップの言葉』『桜木花道に学ぶ“超”非常識な成功のルール48』『人を動かす！ 安西先生の言葉』『20代のうちに知っておきたい読書のルール23』『心に火をつける言葉』（すべて総合法令出版）がある。

世界の偉人×賢人の知恵
すごい名言100

2021年７月21日　初版発行

著　者　遠越 段
発行者　野村直克
発行所　総合法令出版株式会社
〒103-0001 東京都中央区日本橋小伝馬町15-18
EDGE小伝馬町ビル９階
電話　03-5623-5121
印刷・製本　中央精版印刷株式会社

落丁・乱丁本はお取替えいたします。

ISBN 978-4-86280-810-3
総合法令出版ホームページ　http://www.horei.com/